Les Colonies Communistes

et Coopératives

par

Charles GIDE

Professeur au Collège de France

1927 - 1928

ASSOCIATION

POUR L'ENSEIGNEMENT DE LA COOPÉRATION

85, Rue Charlot, Paris

Les Colonies Communistes
et Coopératives

par

Charles GIDE

Professeur au Collège de France

1927 - 1928

—

CHAPITRE I

L'ÉTERNELLE ASPIRATION COMMUNAUTAIRE

Je me propose de vous faire l'histoire rapide des associations à base communautaire qui se sont fondées, principalement au cours du siècle dernier et presque toutes au Nouveau Monde. Peut-être ceux qui auront vu ce titre sur l'affiche des cours penseront-ils que ce n'est pas là un enseignement qui mérite d'être traité au Collège de France, et même que dans un enseignement qui a pour objet la coopération il risque de compromettre celle-ci en faisant croire à une parenté fâcheuse entre le Communisme et le Coopératisme.

Nous risquons même d'être réprimandés par ceux qui comme J.-B. Say, par exemple, le grand économiste, pensent qu'il faut rayer de l'enseignement économique et social tout ce qui n'a qu'un intérêt de curiosité, mais dont l'erreur a été établie :

« Que pourrions-nous gagner, dit-il, à recueillir des opinions absurdes ? Il serait à la fois inutile et fastidieux de les examiner. Les erreurs ne sont pas ce qu'il s'agit d'apprendre mais ce qu'il faudrait oublier. »

Mais si l'on pense à toutes les erreurs qui sont plus tard devenues des vérités, et à tant de vérités qui ont été discréditées, on sera plus indulgent. Et il reste justement à savoir si tout est erreur dans ces expérimentations, ou si elles ne répondent pas au contraire à certaines aspirations, à certains désirs, non à celles des savants, ni moins encore des gens d'affaires, mais à celles d'esprits simples.

Généralement, ces essais communistes sont tournés en ridicule.

L'ancien gouvernement bulgare de Stamboulisky, qui était un gouvernement de paysans ayant en horreur les communistes, et dont le chef fut assassiné en 1923, a aussi voulu faire la même expérience. Il paraît qu'il avait déposé un projet de loi, je ne sais s'il a été voté, qui décidait que, dans tous les villages bulgares où se trouvent dix électeurs communistes, il serait créé une communauté, en confisquant tous les biens meubles et immeubles des partisans du communisme pour en faire un fonds commun. Celui qui voudrait sortir de la communauté pour vivre par les procédés ordinaires serait fusillé (1).

Et les journaux ont raconté aussi que le gouvernement du Chili, il y a quelques mois, pour se débarrasser des communistes qui, paraît-il, le gênaient, en a fait arrêter un certain nombre qu'il a envoyés dans l'île rendue célèbre par Robinson, l'île de Juan Fernandez, en les invitant à faire une colonie communiste.

Telle n'est pas mon opinion. Je vois au contraire un spectacle émouvant et instructif dans l'histoire de ces colonies, car elles représentent une aspiration indéfectible et sans cesse renaissante vers une Terre promise dans laquelle peut-être, de même que Moïse, il ne leur sera jamais donné d'entrer, mais cette héroïque aventure, qui ne se termine jamais, n'en est que plus pathétique.

Un auteur anglais a écrit : « Toute carte du monde sur laquelle il n'y aurait pas une île d'Utopie ne mériterait pas qu'on y jetât les yeux. »

____

(1) Voici le texte d'après un message Reuter du 13 avril 1927 :

« Le premier ministre bulgare, M. Stamboulisky, vient d'annoncer que le gouvernement préparait le texte d'un projet de loi relatif aux menées communistes en Bulgarie.

« Aux termes de ce projet, dans tout village où le nombre des communistes sera supérieur à dix, leurs biens fonciers et mobiliers seront confisqués par le gouvernement et transformés en biens communaux sur lesquels ils devront s'établir et vivre ensemble. »

On nous dit : mais, ces sociétés sont toutes mortes !

D'abord ce n'est pas tout à fait exact, car nous verrons qu'il y en a encore de vivantes à ce jour, et il en est qui, quoique mortes, aujourd'hui, ont vécu plus d'un siècle.

Et puis, qu'importe ? Tout meurt, les institutions, les cités, les civilisations. La mort n'est pas un démenti donné à la vie, elle en est une manifestation. La véritable marque de vitalité ce n'est pas de durer, c'est de renaître. Or ce signe, les communautés dont nous parlons le possèdent au plus haut degré : elles renaissent sans cesse de leurs ruines.

Il ne se passe pas d'année sans qu'on voie naître quelques sociétés communistes nouvelles.

Et ce qu'il faudrait admirer c'est qu'elles puissent se former, étant données les conditions si défavorables dans lesquelles elles se trouvent.

Voyez, en effet, combien il y a de difficultés pour de telles sociétés !

D'abord, par qui sont-elles fondées ? Généralement par des personnes aigries, fatiguées du monde, lasses du régime sous lequel nous vivons, par des misanthropes, en un mot, qui comme Alceste :

> Vont chercher quelque part un endroit écarté
> Où d'être homme d'honneur on ait la liberté !

Or si vous fondez une société avec des Alcestes, elle n'aura pas beaucoup de chances de vivre tranquillement, alors même qu'il n'y aurait point de Célimènes. Il n'est pas probable que ces mécontents trouvent dans leur petit monde cette paix qu'ils n'avaient pas trouvé dans le grand monde, car eux-mêmes ne l'y auront point apportée.

Les faiseurs de sociétés communistes s'imaginent que dans la société où nous vivons la propriété est la principale cause de dispute entre les hommes, comme d'ailleurs entre les nations, et qu'une fois celle-ci abolie, la concorde régnera. Mais, comme nous le verrons, l'expérience montre que, si la propriété individuelle engendre des conflits, la communauté en crée aussi, et plus fréquents encore. Au reste, c'est un lieu commun de l'enseignement du Droit civil que l'indivision dans la propriété est la plus grande cause de division entre les co-propriétaires ; aussi la loi la limite-t-elle à une courte durée.

Il ne faut pas croire que ce soit à de grandes causes que soit due la fin de ces sociétés ; elles meurent des petits froissements qu'engendre la vie quotidienne, et qui sont aggravés par la réglementation à laquelle doit nécessairement s'astreindre toute communauté, fut-elle même composée d'anarchistes.

Nous aurons l'occasion de constater que la plupart des sociétés communistes qui ont duré longtemps, à de très rares exceptions près, étaient composées de membres de sectes religieuses. C'est parce qu'on trouve chez elles l'habitude de la discipline et celle de l'obéissance au commandement de l'Evangile : « portez les fardeaux les uns des autres. »

Il y a d'autres difficultés encore. Il y a le milieu. Où donc iront-elles planter leur tente, ces colonies ? Si elles restent dans le pays même, elles se trouvent dans un milieu hostile, elles seront ridiculisées ; et il est peu probable que les membres de la colonie, surtout les femmes, aient l'énergie de braver l'opinion publique et de s'enfermer dans une tour d'ivoire, comme on disait autrefois, où ils ignoreront le reste du monde.

Et si, au contraire, ces colonies vont au-delà des mers, comme c'est généralement le cas, sinon dans une île, sinon dans un désert, du moins dans un pays neuf, d'autres causes de désorganisation les attendent. Les terres vierges sont les pays des pionniers ; elles veulent l'initiative individuelle, elles la suscitent, elles la surexcitent. Il est difficile, au milieu d'une terre qui est toute à conquérir, de s'enfermer dans le petit horizon tracé autour de la colonie. Tous ceux parmi les colons qui ont l'esprit d'entreprise, auront hâte d'en sortir et de s'établir pour leur compte.

Un autre écueil, et peut-être le plus grave, c'est que ces colonies sont aussi bien menacées par le succès que par les revers. Car si elles ne réussissent pas, c'est la misère, c'est la ruine, c'est la dispersion, le sauve qui peut pour chacun. Mais si, au contraire, elles arrivent à la prospérité elles attireront une affluence de sociétaires qui n'auront plus l'enthousiasme et la foi des anciens, qui ne seront attirés que par l'intérêt ; il y aura conflit entre l'élément ancien et l'élément nouveau ; finalement on réclamera le partage et on s'en ira chacun de son côté.

Ne nous étonnons donc pas que ces sociétés meurent jeunes et admirons plutôt que de tous ces grains jetés au milieu des ronces, comme ceux de la parabole, il y en ait un certain nombre qui ait réussi à germer.

Le professeur de philosophie de ce Collège, M. Edouard Leroy, disait récemment dans une conférence :

« L'apparition de la vie au sein de la matière est quelque chose d'anormal, d'exceptionnel, presque de scandaleux. Elle constitue un phénomène essentiellement improbable, une chance telle que, pour qu'elle se réalisât, il faudrait attendre un nombre de siècles représenté par une unité suivie de dix milliards de zéros... » (1), c'est-à-dire un nombre qu'il est impossible d'écrire et plus impossible encore de penser.

Ainsi donc, si avant le commencement des temps quelque esprit surnaturel avait pu prévoir ce que serait la vie, il n'aurait pas manqué de dire que c'était là une utopie et qu'il n'y avait pas une chance sur des milliards de milliards pour qu'elle se réalisât ? Et tout de même la vie est éclose, au moins une fois, sur notre terre !

Et, entre parenthèses, s'il en est ainsi, la thèse de « la pluralité des mondes habités », chère à l'astronome

_____

(1) *Le fait de l'Évolution*, dans la Revue *Foi et Vie*, 1920, pp. 118-119.

Flammarion, s'évanouit, car le nombre des astres est certainement très inférieur au chiffre fantastique évalué par M. Leroy et si c'est déjà un miracle qu'un seul de ces mondes ait pu donner naissance à la vie, le nôtre, il n'est pas possible de supposer que la chance prodigieuse se soit retrouvée mille fois, ni même deux fois !

Eh bien, pour nos communautés aussi c'est déjà miraculeux que quelques-unes aient germé, que quelques-unes aient vécu longtemps, mais il n'est pas interdit d'espérer qu'une d'elles pourra trouver un jour les conditions rarissimes d'une vie définitive.

Il est vrai que nombreux ceux qui pensent qu'il ne faut pas souhaiter que ce hasard se réalise, car il créerait un précédent très dangereux en montrant que le communisme n'est pas une chimère. C'est là une question dans la discussion de laquelle nous ne pouvons entrer aujourd'hui...

Ces sociétés naturellement se ressemblent toutes. Quels sont leurs caractères généraux ?

Ce qui frappe le plus le public dans l'association communautaire, ce qui semble la caractériser, c'est la vie en commun : maison commune, table commune. Pourtant toutes n'ont pas ce caractère, pas du moins nécessairement l'habitation en commun. Le caractère essentiel c'est l'abolition de la propriété foncière individuelle. Cela ne veut pas dire nécessairement que la terre sera cultivée en commun — il y a, à cet égard, des différences entre les colonies — mais seulement que la terre, en tant que richesse naturelle, appartiendra à tous les membres de la communauté et que ses produits appartiendront à la communauté : celle-ci, selon les cas, les consommera ou les répartira selon les besoins de chacun.

Le second caractère, commun à toutes ces sociétés, c'est l'obligation du travail pour tous les membres, règle d'autant plus remarquable que dans ces sociétés il y a presque toujours une forte proportion d'intellectuels ;

il y en a même qui ne se composent presque que d'intellectuels — travail manuel pour chacun, mais travail
manuel qui laisse des loisirs suffisants pour faire aussi
la part du travail intellectuel. Les produits du travail,
tout comme ceux de la terre, dont ils ne peuvent guère
se distinguer d'ailleurs, sont mis en commun. Pourtant
la possession individuelle de certains objets mobiliers
est parfois autorisée, mais exceptionnellement.

Il faut ajouter, pour certaines communautés, la sup-
pression de la monnaie : celle-ci devient d'ailleurs
inutile dans une société où tout le monde vit plus ou
moins en commun.

Il y a aussi une grave question qui se poserait dans
ces communautés, pour celles du moins dont la durée
se prolonge : c'est la question de la natalité. Il leur
serait difficile de ne pas exercer un contrôle sur la
naissance des enfants, à moins qu'elles ne veuillent
recourir, comme dans les sociétés animales, ou dans les
cités de la Grèce antique, à l'essaimage, c'est-à-dire
envoyer périodiquement, à chaque génération un
essaim hors de la cité pour aller fonder une colonie
nouvelle. Mais cette préoccupation leur est généralement épargnée par le fait qu'elles ont plutôt à souffrir
de la dépopulation progressive — et c'est le recrutement
qui devient au contraire leur gros souci.

Cette vitalité de l'aspiration communiste se manifeste
peut-être plus encore dans la littérature que dans les
réalisations.

« Je veux vous faire confidence d'une de mes folies.
Je ne lis pas, dans quelque livre de voyageur, la des-
cription d'une île déserte dont le ciel est serein et les
eaux salubres, qu'il ne me vienne l'envie d'y aller installer une République où tous égaux, tous riches, tous
pauvres, tous libres, notre première loi serait de ne rien
posséder en propre.

« Nous apporterions dans des magasins publics les
fruits de nos travaux ; ce serait là le trésor de l'État et

le patrimoine de chaque citoyen. Tous les ans, les pères de famille éliraient des économes chargés de distribuer les choses nécessaires aux besoins de chaque particulier, de leur enseigner la tâche qu'exigerait la communauté. »

De qui pensez-vous que soit cette page ? De quelque rêveur ? Non, mais d'un juriste du XVIII° siècle qui s'était fait une spécialité d'étudier les constitutions de l'antiquité, Mably, dans le « Traité des Droits et des Devoirs des Citoyens » (chapitre IV).

Cette obsession si inattendue chez un homme de loi, a été celle de bien d'autres. On ferait une grosse bibliothèque de ces romans d'*Utopie*, ainsi nommés de celui qui a donné pour titre à son livre ce mot ingénieusement trouvé : « le pays de nulle part », Thomas Morus. Lui non plus n'était pas un rêveur, ni même un littérateur, mais un chancelier d'Angleterre, qui périt sur l'échafaud pour n'avoir pas consenti à obéir aux ordres de son indigne maître, le roi Henri VIII.

Le livre de Thomas Morus, qui est de 1516, n'était pourtant pas le premier, car le plus ancien et le plus illustre, du moins de ceux dont l'histoire a gardé le nom, était « la République » de Platon ; mais ce n'était pas un roman, c'était un plan de constitution idéale.

Le roman d'Utopie a été le point de départ de toute une littérature dont le flot ne semble pas près de tarir (1).

En Angleterre :

Christianopolis, de Johann Andreæ (1619) ;
La Nouvelle Atlantide, de Francis Bacon (1627) ;
La Nouvelle Utopie, de Bulwer Lytton (1850) ;
News from Nowhere, de William Morris (1890) ;
A modern Utopia, de Wells (1905) ;

En France, il faudrait d'abord citer au XV° siècle le

---

(1) On trouvera une bibliographie beaucoup plus détaillée avec un résumé de ces livres et d'autres, dans un livre américain : Lewis Mumford, *The Stories of Utopias* (1922).

chapitre de Gargantua de Rabelais sur *l'Abbaye de Thélème*, au XVII° siècle ; celui de Télémaque, de Fénelon, sur la *République de Salente* ; puis au siècle dernier, *Le nouveau Monde Industriel*, de Fourier (1820) ; *Le voyage en Icarie*, de Cabet (1845).

Et plus près de nous, une vision évocatrice des temps futurs où la terre mourra de froid et où l'homme cherchera un reste de chaleur dans son sein, *L'Homme souterrain*, de Gabriel Tarde (1905).

Aux États-Unis *Looking Backward* (*Regardant en arrière*), mais ce titre, pas très intelligible, a été remplacé dans la traduction française par *En l'An 2000*.

En Autriche *Freeland*, par Hertzka (1889), qui a été comme une préface au mouvement sioniste.

Dans le cours que nous allons faire sur les communautés coopératives devons-nous nous borner à celles qui ont été réalisées et ne faudrait-il pas y faire figurer aussi celles qui sont restées à l'état de romans ? Celles-ci y auraient aussi bien droit que les autres, car elles ont vécu, elles aussi, et vivent encore aujourd'hui ! et même ce sont quelques-unes d'elles qui se sont incarnées dans les communautés réelles, comme la République d'Icarie. Rien ne distingue ici le roman vécu du roman resté en forme de livre. Tous les fondateurs des colonies dont nous allons parler ont joué eux-mêmes le drame ou la comédie que les autres s'étaient contentés d'écrire.

Et il y aurait même plus d'instruction à tirer, au point de vue économique et social, comme critiques de l'ordre existant et comme anticipations de l'ordre à venir, de la lecture de ces livres que du voyage que nous allons entreprendre.

Je m'en abstiendrai cependant, non seulement faute de temps, mais aussi, je l'avoue à regret, parce que cette littérature est très monotone et ennuyeuse, à commencer par le livre qui a servi de type aux autres, celui de Morus, et sans excepter même ceux qui ont eu un énorme succès populaire, comme celui de Bellamy. Il est curieux que l'imagination soit si pauvre quand il s'agit d'évoquer la vision d'une économie nouvelle, et que même celle de Wells, si audacieuse dans son voyage à la lune, ou dans son voyage en remontant le temps, devienne si banale, si indigente, dans ses descriptions de la Nouvelle Utopie.

Au reste, l'imagination des réalisateurs n'a pas été plus féconde de celle des romanciers, et même en ce qui concerne les communautés réelles je ne voudrais pas vous donner d'illusions.

Il ne faut pas vous attendre à faire un voyage merveilleux à travers les Iles Fortunées, comme celui que fait le navigateur Alain Gerbault, sur son Fire Crest, à travers le Pacifique. Hélas, non, les pays que nous explorerons sont des pays tristes, peuplés de fantômes.

Ce sera plutôt comme un voyage à travers ces limbes que l'Eglise catholique donne pour asile aux enfants morts sans baptême, à ces limbes où ils se promènent en attendant l'heure d'être rappelés au monde dans une enveloppe de chair, et dont le poète a dit (1) :

> Ils se parlent, mais c'est tout bas ;
> Ils marchent, mais c'est pas à pas ;
> Ils volent, mais on n'entend pas
> Battre leurs ailes.

CHAPITRE II

LES SOCIÉTÉS ANIMALES

Commençons cette revue par les sociétés animales, non pas seulement parce que ce sont les plus anciennes et de beaucoup, non pas seulement parce que ce sont les plus nombreuses, non pas seulement parce que ce sont celles, il faut bien l'avouer, qui ont le mieux réussi — elles sont arrivées à la perfection dans leur genre —

---

(1) Casimir Delavigne, *Derniers Chants*.

mais surtout parce que ceux qui les ont étudiées, sociologues ou philosophes, comme par exemple Maeterlink
dans son dernier livre sur les termites, n'hésitant pas
à dire qu'il faut voir dans ces sociétés — beaucoup plus
vieilles que les nôtres, puisque leur naissance a pré-
cédé celle du genre humain de quelques millions
d'années, — « les précurseurs et les préfigurateurs de
notre propre destinée » (1), de même que les astronomes
nous montrent dans la lune ce que sera un jour notre
planète ! Si une telle prévision est fondée, si ces sociétés
animales nous mettent sous les yeux ce que seront un
jour les sociétés humaines, il est clair que leur étude
n'est pas simplement pour satisfaire à une curiosité
scientifique, mais répond au plus angoissant des pro-
blèmes.

Parmi ces sociétés animales, il y en a deux qui sont
presque les seules connues dans le public et célébrées
de tout temps : les abeilles et les fourmis. Dans tous
les livres de morale, dans toutes les fables, vous savez
quel rôle elles jouent.

L'une et l'autre éveillent notre sympathie, mais à
des degrés très inégaux. La société des abeilles, la
ruche, nous est de beaucoup la plus sympathique, et
cela par beaucoup de raisons : parce que les abeilles
sont presque des animaux domestiques ; parce qu'elles
ne craignent pas d'habiter des maisons de verre où on
vient les regarder ; parce qu'elles sont jolies à voir,
« les blondes abeilles », tout au moins quand elles
sont en essaim ; parce qu'elles ont joué un rôle dans
la poésie et la littérature ; parce qu'elles ont été chantées
par Virgile ; parce qu'elles semblent avoir des vertus
et même des talents véritablement merveilleux ; parce
qu'elles paraissent savoir la géométrie, laquelle est la
base de toutes les sciences, sachant construire des cel-

(1) Maeterlinck, La vie des Termites.

lules qui sont impeccables au point de vue géométrique; et surtout, enfin, parce qu'elles se font exploiter par nous bénévolement en nous laissant leur dérober leur miel.

Si donc, comme le dit Maeterlink, ces sociétés animales sont l'anticipation des sociétés humaines, nous devons faire des vœux pour que notre avenir soit la ruche plutôt que la fourmilière.

Car les fourmis, c'est tout autre chose ! La fourmi n'a pas d'ailes, sinon quelques heures ; elle n'est pas belle, elle est noire, elle vit sous terre. Et pourtant ceux qui les ont étudiées de plus près pensent qu'en cela, comme en beaucoup de choses, nous nous laissons tromper par les apparences et qu'en réalité les fourmis sont un peuple beaucoup plus intéressant et beaucoup plus avancé que les abeilles. Darwin a écrit ces mots qui semblent incroyables : « Le cerveau de la fourmi est le plus merveilleux atome de matière qu'il y ait dans le monde, peut-être plus encore que le cerveau de l'homme » (1).

C'est un peuple fier et libre, qui ne donne rien à l'homme, qui ne s'est pas laissé exploiter par lui mais qui, au contraire, le vole impunément et mange ses provisions. C'est un peuple innombrable, auprès duquel l'espèce humaine n'est rien. Pensez qu'on compte 7.500 espèces de fourmis, dont chacune compte des millions de fourmilières, et chaque fourmilière des dizaines de milliers de citoyens (de 10.000 jusqu'à 100.000 !) Leur origine dans l'échelle biologique paraît beaucoup plus ancienne que celle des abeilles ; tandis que l'existence de celles-ci se mesure par quelques millions d'années, c'est à des centaines de millions d'années, aux plus vieux âges paléontologiques, que remonte l'apparition des fourmis,

____

(1) Et. Forel, dans l'Homme et la Fourmi, dit : « Oui, j'en suis profondément persuadé, l'instinct social d'une fourmi, peu à peu accumulé dans sa mémoire héréditaire et coordonné par elle, est bien plus sûr que celui du homo sapiens, »

Et elles ont aussi cette supériorité sur les abeilles qu'elles vivent beaucoup plus longtemps. Tandis que l'abeille ne vit pas plus de quelques mois (de 45 jours à 60 jours, dit Gaston Bonnier), la fourmi vit jusqu'à douze et quinze ans. Et, proportionnellement à leur petite taille, cette durée correspond à une vie de Mathusalem pour un homme. Puisque cette espèce a derrière elle un si long passé et qu'individuellement ses membres ont une vie plus longue que celle de tous les insectes, les fourmis ont dû avoir le temps d'apprendre beaucoup de choses et d'arriver à un degré de perfection que peut-être nous ne soupçonnons pas encore.

Il semble aussi que chez la fourmi l'individualité ne soit pas absorbée par la collectivité au même degré que chez l'abeille.

Et ce qui rend encore plus prodigieuse la vie de ces deux espèces c'est qu'à ce qu'on croit, l'une est aveugle (les fourmis), l'autre sourde (les abeilles) ! Elles ont évidemment d'autres sens que nous.

**

Mais, en dehors de ces deux sociétés, qui sont presque les seules auxquelles pense le public quand on parle des sociétés animales, il y en a bien d'autres.

Un professeur de la Sorbonne, Alfred Espinas, il y a quelques années, a consacré un gros livre, qui aujourd'hui encore a une grande valeur, aux sociétés animales. C'est tout un monde !

Et pour arriver à s'y débrouiller il faut établir certaines classifications.

On peut grouper ces innombrables sociétés sous différentes catégories.

1° — Il y a celles, dans les bas-fonds du monde animal, au fond des mers, qu'on peut appeler des sociétés « organiques », en ce sens que leurs membres sont liés entre eux par les tissus eux-mêmes ; ils sont matériellement et non pas au figuré, « membres d'un même corps » ; ils ne forment, pour ainsi dire, qu'un seul être, duquel l'individu commence à se dégager mais en plongeant encore ses racines dans le tronc commun. Telle est la structure des polypes, des coraux des îlos du Pacifique. Ce sont des sociétés animales organiques inséparables et où la solidarité est poussée au dernier degré, puisque cette solidarité est la même que celle qui unit les organes d'un même corps, ou presque. L'individu commence à peine à se dégager, mais il y a déjà des têtes différentes qui peuvent se mouvoir.

Il est à remarquer d'ailleurs que cette interpénétration des tissus, qui caractérise cette première catégorie de sociétés animales, se retrouve dans une certaine mesure dans les sociétés les plus hautes, puisqu'aucune société humaine ne peut durer sans l'union sexuelle et l'allaitement, deux faits qui, l'un et l'autre, impliquent une certaine interpénétration des corps.

2° — Au-dessus se place la catégorie des sociétés qu'on pourrait appeler « fonctionnelles », dans lesquelles les individus sont complètement dégagés du tronc commun et se meuvent séparément, mais dans lesquelles les individus, quoique séparés, ne peuvent vivre isolément parce qu'il y a entre eux une différenciation des fonctions et des organes telle que ces individus ne peuvent se passer les uns des autres. Les sociétés animales les plus connues, les abeilles et les fourmis, appartiennent à cette catégorie. Vous savez qu'il y a, dans ces sociétés, trois catégories d'individus : les mâles, les femelles (il n'y a qu'une seule femelle chez les abeilles et les fourmis), et les ouvrières, qui ne sont ni mâles, ni femelles. Et chez les termites il y a une quatrième catégorie, les soldats, qui peuvent se battre, mais non travailler. Or les mâles et les femelles ne peuvent pas se nourrir sans les ouvrières; et les ouvrières ne peuvent pas se reproduire puisqu'elles n'ont pas de sexe.

Et encore, même parmi les individus appelés ouvrières, il y a des catégories extrêmement spécialisées, presque autant, semble-t-il, que le sont les métiers chez les hommes.

On a compté jusqu'à six catégories d'abeilles qui ont des fonctions différentes (1) :

Celles qui construisent la ruche et les cellules des rayons de miel ;

Celles qui vont à la recherche du miel et le rapportent à la ruche ; on les appelle les butineuses ;

D'autres, qui semblent appartenir à la catégorie la plus élevée, la plus intelligente, qu'on appelle « les rabatteuses », ou « les éclaireuses », qui ne rapportent jamais le miel, mais vont à la découverte des fleurs et des endroits où les abeilles ouvrières pourront aller le recueillir. Elles font, si j'ose dire, des enquêtes sur les lieux, indiquent aux ouvrières le travail à faire et ont soin que ce travail soit bien ordonné, afin que toutes les abeilles n'aillent pas au même endroit ;

Il y a aussi les couveuses, qui ont la spécialité de veiller au couvain et de nourrir les larves ;

Il y a les gardiennes, qui font la sentinelle à l'entrée de la ruche et la défendent ; elles font la police.

Il y a même une catégorie tout à fait curieuse, les « ventileuses », qui sont chargées, en battant de leurs ailes, d'entretenir une température égale dans la ruche, de l'abaisser quand elle est trop élevée ; on les voit exécuter ce travail-là pendant des heures, comme de vrais appareils mécaniques.

On pourrait se demander si ce sont vraiment des catégories d'abeilles différentes spécialisées dans ces fonctions, comme dans les castes de l'Inde, ou si ce ne sont pas les mêmes qui, tour à tour et indifféremment, remplissent ces fonctions ?

Il semble, d'après ceux qui les ont étudiées, qu'elles peuvent changer de rôle selon les besoins. C'est ainsi que les butineuses, quand elles sont fatiguées de leurs explorations, quand elles sont vieilles, c'est-à-dire quand elles ont atteint l'âge d'un ou deux mois, sont

____

(1) Gaston Bonnier, professeur à la Sorbonne : *Le Socialisme chez les abeilles*, dans la *Revue de Sociologie* de 1908.

vouées au rôle de couveuses et ainsi deviennent sédentaires et se reposent : c'est une retraite.

Il en est de même pour les fourmis et les termites ; mais je ne fais pas ici un cours de zoologie et je me borne à montrer que dans ces sociétés animales la spécialisation des individus et la solidarité sont poussées à un tel degré qu'elles ne peuvent pas se nourrir ni se reproduire isolément, et ainsi nous avons la réalisation la plus complète du communisme.

3° — Arrivons à une autre catégorie de sociétés animales : celles où l'individu apparaît tout à fait dégagé et indépendant, où il peut se suffire à lui-même et par conséquent n'est pas lié par une solidarité organique, mais où tout de même il y a société. Celle-ci alors est d'ordre psychologique ; elle est fondée sur la sympathie, sur la ressemblance des individus, justifiant le proverbe : « qui se ressemble s'assemble ». Ce sont les sociétés dites « grégaires ». Elles sont innombrables dans toutes les espèces animales. Pensez à tous les animaux qui vont par troupes, grands ou petits : dans le monde des insectes, les papillons, chenilles processionnaires qui vont dévaster les arbres, les sauterelles dont les vols dévastateurs couvrent des pays entiers ; chez les poissons, les bancs de harengs, de morues, de sardines, qui vont par millions ; chez les oiseaux, les bandes d'oiseaux migrateurs, cigognes, grues, vanneaux, tous les oiseaux de passage ; chez les mammifères, dans les régions où l'homme n'a pas encore pénétré, les troupeaux d'antilopes, d'éléphants, de castors.

Il est même probable que tous les animaux, dans des circonstances normales, ont dû vivre en troupeaux. Et qu'est-ce qui les rassemble ainsi ? N'est-ce pas, comme tout à l'heure, le besoin, la nécessité ? Sans doute il y a des sociétés animales qui ont dû se former pour la chasse comme les bandes de loups, ou pour la défensive, comme les bisons naguère en Amérique. Mais la plupart ont dû se former simplement par amitié.

Ceux qui se sont arrêtés à voir les moineaux du jardin des Tuileries, ou les pigeons de la place Saint-Marc, à Venise, ou les mouettes sur les bords du lac de Genève, ne peuvent se défendre de penser que ces animaux trouvent plaisir à vivre ensemble et même qu'ils se communiquent leurs sentiments par un langage et des gestes que nous voudrions bien connaître.

Dans cette dernière catégorie nous voyons non seulement un rapprochement de semblables et une coordination, mais une certaine subordination ; la plupart de ces troupeaux ont un guide, un chef, qui est chargé de veiller à leur défense, du moins dans tous les pays où l'homme n'a pas encore pénétré. Nous trouvons donc ici une sorte de gouvernement et, par conséquent, si je puis employer ce mot, un embryon de société politique.

Il est possible, et même vraisemblable, que la constitution des sociétés animales, dans les espèces que nous appelons supérieures, a été complètement perturbé par la présence de l'homme.

Si la société des hommes n'avait pas paru sur la terre, tous les mammifères auraient eu des sociétés qui seraient peut-être tout aussi perfectionnées, en leur genre, que les sociétés des abeilles ou des fourmis.

Mais la concurrence terrible que leur a faite l'espèce humaine les a dispersées, désorganisées. Que voulez-vous que deviennent les sociétés d'éléphants quand on les massacre par milliers ? Elles retournent à l'état sauvage.

Et les castors ? Ils avaient formé des sociétés animales admirables ; aujourd'hui il n'en reste plus que quelques hordes, qui ont perdu leurs vertus sociales et même ne savent plus leur métier de constructeurs. On en trouve encore çà et là dans l'Ile de la Camargue, sur les bords du Rhône, mais il ne savent plus faire de digues, ils sont dégénérés.

Les perdrix aussi vont en sociétés et en compagnies ; mais quand on a fait des battues, quand les chasseurs ont tiré toute une saison, les compagnies de perdreaux s'éparpillent. Car si le danger a eu souvent pour effet de créer la société, arrivé à un certain point il ne crée plus l'esprit social, il le tue. Dans un vaisseau qui sombre ou dans une maison qui brûle, l'esprit d'association disparaît. Quand on crie sauve qui peut !, il n'y a plus que le chacun pour soi.

Ainsi en est-il pour les sociétés animales dans les espèces qui se rapprochent de nous.

Nous n'avons donc pas le droit, du fait qu'elles sont rares, à tirer cette conclusion qu'elles n'ont pas existé jadis et même sous des formes peut-être extrêmement perfectionnées.

De ces communautés animales telles que les zoologistes nous la décrivent, quel enseignement peut en tirer un sociologue ?

Il y a d'abord des leçons de morale que l'on y a trouvées de tout temps : ce sont celles de toutes les fables, celles qu'on enseigne aux enfants de l'école, celles qu'enseignait déjà le roi Salomon dans les Proverbes : « Paresseux, regarde la fourmi et instruis-toi. »

On peut trouver, en effet, chez elles, la pratique de certaines vertus.

La prévoyance d'abord. La fourmi amasse du grain dans sa fourmilière ; l'abeille recueille le miel dans sa ruche, prévoyance plus admirable encore quand il s'agit de l'abeille puisqu'elle n'amasse pas pour elle, mais pour sa postérité ; c'est bien celle du père de famille qui économise non pour lui mais pour les siens.

Le travail ensuite : on nous montre ces animaux, travailleurs infatigables et qui ne boudent jamais à la besogne.

Et un travail qui n'est pas, comme on l'imagine, un travail d'amusement, celui du papillon qui se promène de fleur en fleur. Ceux qui ont observé de près les abeilles disent que le soir elles sont tellement lasses que parfois elles n'ont pas la force d'arriver jusqu'à la ruche et qu'elles sont obligées de s'arrêter en route ; travail tellement épuisant, que l'âme de la ruche, le chef invisible, met les abeilles aux invalides quand elles ont fait leur métier assez longtemps.

On en tire aussi une autre leçon. On dit que l'homme est naturellement paresseux et ne travaille que quand il y est forcé — ou par le fouet comme l'esclave, ou par la faim et la nécessité de gagner son pain comme le salarié, ou par le désir du profit comme le capitaliste — tandis que l'animal, au contraire, n'aurait besoin d'aucun de ces mobiles ; il travaillerait sinon par plaisir, du moins par instinct.

Cependant, quand on y regarde de plus près, il apparaît que ces animaux, eux aussi, quand ils peuvent s'éviter un travail, n'y manquent pas. Les abeilles notamment, quand on leur épargne la peine de construire la ruche et de faire le rayon, en mettant à leur disposition du papier gaufré, en paraissent fort satisfaites et s'en servent aussitôt.

On a constaté aussi que les abeilles, quand elles ont la chance de se trouver à proximité d'une raffinerie de sucre et qu'elles s'aperçoivent qu'au lieu d'aller butiner en parcourant des kilomètres, elles peuvent simplement aller voler le sucre ou le sirop, ne manquent pas de le faire. A telles enseignes que dans les Antilles, où partout on produit du sucre, les abeilles ont absolument perdu l'habitude de faire du miel avec les fleurs ; elles trouvent plus commode d'aller prendre le sucre qu'elles trouvent presque tout fait. Si longtemps exploitées par l'homme, elles prennent leur revanche !

On pourrait encore, et on n'y a pas manqué dans les petits traités de morale, trouver en elles la haine du parasitisme. Les abeilles surtout sont impitoyables pour l'oisif. Si encore elles se bornaient à appliquer la maxime de l'apôtre Paul — que les bolchevistes leur ont empruntée — « quiconque ne travaille pas ne doit pas manger », passe encore. Mais il y a plus ! Ces mâles dont je parlais tout à l'heure, qui ne savent pas travailler et qui ne sont faits que pour la reproduction, on les expulse et même on les tue aussitôt qu'ils ont achevé leur tâche ; ou du moins on les met à la porte où ils meurent de faim et de froid.

L'essaimage lui-même, si poétique en apparence, n'est qu'une façon très brutale de se débarrasser des bouches inutiles. Car il ne faut pas croire, comme je le croyais moi-même, que l'essaim soit formé par la nouvelle génération, comme dans les colonies grecques alors qu'on envoyait les jeunes, sous un chef, chercher fortune au loin. Non ! l'essaim qui part, ce sont les vieilles abeilles, avec l'ancienne mère, qui sont expulsées, et celles qui restent ce sont les jeunes abeilles qui gardent insolemment l'ancienne maison.

Ce qu'on a surtout cherché dans ces sociétés c'est une leçon de gouvernement. On a dit : voilà des gouvernements comme les hommes n'ont jamais su en réaliser !

Mais quel gouvernement ? Est-ce une monarchie ? On l'a cru pendant longtemps ; on disait : la Reine des abeilles, la Reine des fourmis. Puis on a reconnu que cette reine n'exerce aucune royauté. Ce qu'on appelait de ce nom c'est la femelle, une énorme pondeuse gonflée d'œufs, cent fois plus grosse que les autres : elle ne peut bouger et par là même elle a le privilège d'être nourrie par les ouvrières, mais c'est le seul privilège royal qu'elle possède.

L'assimilation avec le gouvernement républicain n'est aussi que de la pure littérature. Le docteur Forel, un publiciste suisse éminent qui a étudié beaucoup de sujets, notamment la morale sexuelle, dit, dans une grosse brochure intitulée « l'Homme et la Fourmi » :

« Les instincts sociaux héréditaires des fourmis permettent à la fourmilière de se développer sans gouvernement, sans chef, sans roi, sans police et sans loi, dans une splendide organisation anarchique coordonnée par une profonde solidarité sociale. »

« Une organisation anarchiste » ! Mais les anarchistes seraient les premiers à protester, parce que l'anarchie c'est, par définition même, l'individualisme sous la forme la plus exaspérée, l'individualisme qui n'accepte ni Dieu ni maître, ni contrainte ni loi, et qui, par conséquent, est tout ce qu'on peut imaginer de plus contraire aux sociétés animales où tout développement individuel paraît sacrifié au corps social. Ces sociétés feraient horreur à de vrais anarchistes.

Ce qu'il faut dire c'est que cette coordination impeccable tient précisément à ce qu'il n'y a aucune individualité suffisante pour avoir la pensée de se révolter ou même prendre conscience d'une vie personnelle distincte de la vie collective.

« Vivre sa vie », cette expression dont on a fait un grand abus pour justifier les écarts de conduite les plus coupables, serait un non sens pour le membre d'une telle société. Aucun ne peut vivre sa vie, parce qu'il n'y a qu'une vie vraie, celle de la ruche. Et par conséquent, la solidarité de l'intérêt public et de l'intérêt privé, ce grand problème que nous cherchons si vainement à résoudre dans les sociétés humaines, est résolu chez elles de façon la plus complète par l'impossibilité de les dissocier.

Ce qui serait le plus intéressant comme leçon à recevoir des sociétés animales, mais que malheureusement on n'a pas jusqu'à présent réussi à dégager, ce serait de savoir si cet état de communauté est, pour ces sociétés, le terme de leur évolution ou simplement une étape vers une évolution supérieure ?

Et d'abord, il faudrait savoir si elles ont une histoire, car le mot histoire suppose changement, transformation, progrès ; or il ne semble pas que ces sociétés, à la différence des sociétés humaines, présentent des changements, ni rien qui ressemble à ce que nous appelons le progrès. Il est vrai qu'on peut nous répondre à cela que les deux ou trois siècles écoulés depuis que les hommes se sont mis à étudier scientifiquement ces insectes ne comptent pas plus pour un peuple qui date de cent millions d'années, que l'observation durant quelques minutes d'une société humaine, et que par conséquent il est possible que, au cours de cette prodigieuse existence, il y ait eu des changements que nous ne souçonnons pas.

En effet, il y a des naturalistes qui affirment — je ne sais trop sur quoi ils se basent, sur des fossiles sans doute — qu'il y a eu un temps où les abeilles ne vivaient pas en sociétés, un temps où elles ne savaient pas construire des ruches, et que ce n'est qu'à une certaine date, infiniment plus reculée dans le passé que la période préhistorique de l'homme, qu'elles ont appris l'art, que nous ne connaissons pas encore bien, de vivre en commun.

Au reste, quand même on découvrirait une évolution dans les sociétés animales, nous ne comprenons pas pourquoi elle autoriserait à dire, comme Maeterlink, que cette évolution nous montre le chemin et que la constitution de ces sociétés anticipe et préfigure notre avenir ?

Que les astronomes puissent lire dans la lune l'avenir du globe terrestre, soit ! car la lune n'est qu'une terre plus petite et a dû passer en raccourci par les mêmes étapes que notre planète. Mais les sociétés d'insectes et celles des hommes se trouvent sur des plans différents.

Il ne faut pas se représenter l'évolution des espèces animales comme les degrés d'un escalier qui va montant à mesure qu'elles se rapprochent du genre humain. Les insectes ne sont pas à un degré inférieur de l'échelle animale. Les insectes et le genre humain sont deux branches qui se sont séparées du tronc à une époque inconnue et qui se sont développées chacune séparément. L'homme est le bourgeon terminal de l'une ; l'abeille et la fourmi sont le bourgeon terminal de l'autre.

Et en supposant même que les sociétés d'abeilles et de fourmis fussent une anticipation de ce que nous serons un jour, que faudrait-il penser de cette perspective ? Il est à remarquer que, en nous tirant cet horoscope, Maeterlink ne songe pas à s'en réjouir : « Il est assez inquiétant de constater, dit-il, que chaque fois que la Nature donne à un être l'instinct social, c'est pour le mener, à mesure que l'association se perfectionne, par un régime de plus en plus sévère, à des contraintes, à une tyrannie de plus en plus intolérante et intolérable, à une existence d'usine, de caserne ou de bagne, exigeant le sacrifice et le malheur de tous sans bonheur pour personne ».

Au contraire, le Dr Forel, qui nous prédit le même destin, y trouve un sujet de joie.

« Une fourmilière humaine, dit-il, unique sur le globe terrestre et néanmoins divisée en une foule d'individus multicellulaires, de communes et d'Etats superposés, mais souples dans leurs libertés limitées, viendra remplacer la férocité de nos ancêtres et toute leur anarchie guerrière. »

Remplacer la férocité humaine et l'anarchie guerrière ? Allons donc ! Mais M. Forel sait bien mieux que moi que le monde qui présente le spectacle le plus effroyable comme férocité et comme guerre c'est le monde des insectes !

Toutes ces espèces animales, y compris les abeilles et les fourmis, au premier rang, se font une guerre impitoyable. Il suffit d'introduire une abeille ou une fourmi étrangère dans une ruche ou une fourmilière, pour qu'elle soit immédiatement exterminée par ses sœurs.

Ou parfois, comme ont fait les hommes, au lieu de tuer l'ennemi, elles le réduisent en servitude. Les fourmis ont des esclaves ; elles exploitent les pucerons et autres espèces.

Et encore dans ce monde des insectes, les abeilles et les fourmis ne sont pas les pires !

Il est impossible de lire les dix volumes de l'Histoire Naturelle de Fabre sans que le livre tombe des mains, tant sont atroces les descriptions de ces supplices de

Peaux Rouges infligés par les insectes à leurs congé-
nères. La Nature les a armés à cet effet de tous les
instruments de torture dont usaient les tourmenteurs
du moyen-âge et d'autres plus raffinés.

Pour moi, je ne peux pas penser à cet immense
monde des insectes, auprès duquel le petit monde de ce
que nous appelons les espèces supérieures n'est quan-
titativement que peu de chose, sans en avoir le cauche-
mar. Essayez de vous représenter les fourmis, les
mantes religieuses, les coléoptères, les araignées, les
scorpions, de la taille des mammifères — et vous
condamnés à vivre au milieu d'eux ; ne serait-ce pas
l'enfer ? Dans l'œuvre des sept jours, ce ne peut être
que Satan qui a créé ce monde des insectes.

Ce n'est donc pas là que nous irons chercher les
leçons de paix, et surtout pas d'humanité — de solidarité, tout au plus, et encore d'une solidarité forcée et
par là nulle de valeur morale.

CHAPITRE III

LES COMMUNAUTES PRIMITIVES

§ 1. — Les relations sociales dans les sociétés primitives.

On pourrait être tenté de penser que l'histoire des
sociétés animales que nous venons d'esquisser doit être
une introduction à celle des sociétés humaines et que
de celles-là à celles-ci il y a une transition naturelle.
Ce qu'ont su faire les abeilles et les fourmis pourquoi
les hommes n'auraient-ils pas su le faire ? — et on en
conclut que le communisme, qui est comme le couron-
nement de l'évolution animale, a dû être le point de
départ des premières sociétés humaines.

Mais c'est là une induction dépourvue de tout fondement.

D'abord, en ce qui concerne les fourmis et les abeilles,

l'homme n'est pas leur successeur dans l'arbre généalogique du monde animal : ce sont des branches tout à fait divergentes. Il n'y a aucune analogie entre elles.

Tout au plus pourrait-on chercher le point de départ dans les sociétés de mammifères, singes et castors : seulement ces sociétés animales, comme nous l'avons dit, sont tellement dispersées et dégénérées qu'elles ne peuvent guère nous fournir un terme de comparaison, ni un enseignement.

Si nous cherchons à nous renseigner par l'observation directe des documents préhistoriques, nous ne sommes pas plus avancés.

Ce n'est pas que nous n'ayons de nombreux renseignements sur les hommes primitifs, au point de vue de leur industrie, de leur nourriture, même de leur art, et dans une certaine mesure de leur histoire. Nous savons qu'il y a eu deux grandes périodes, qui comprennent chacune des dizaines de milliers d'années.

La première, dite période paléolithique, c'est-à-dire de la pierre simplement taillée et dans laquelle on croit reconnaître une période ascendante, suivie d'une de régression, par un phénomène mystérieux, sans doute quelque changement de climat, par les glaciers.

La seconde, dite période néolithique, c'est-à-dire de la pierre polie, qui marque une reprise dans la marche ascendante, et dans laquelle apparaissent les arts, la sculpture, la peinture.

La troisième, la période préhistorique, bien plus rapprochée de nous, qui peut remonter à quelque cinq ou six mille ans, suivant les pays, dans laquelle apparaissent les premières civilisations.

Mais tout cela ne nous renseigne pas sur notre question : quelles étaient les relations sociales entre ces hommes de la pierre taillée ou de la pierre polie, de l'âge des cavernes ou de la station lacustre ? Vivaient-ils à l'état de communauté ? Si les fouilles de Glozel avaient fourni quelques renseignements à cet égard, le bruit qu'elles ont fait n'eût pas été exagéré. Mais elles sont restées muettes pour le sociologue.

Si on se laisse aller à l'imagination, l'évolution des sociétés humaines apparaît à peu près sous les traits que voici :

1° Le rapprochement sexuel, se consolidant par la naissance et l'élevage des enfants, a dû former cette première communauté qui est la famille. Si la famille humaine est devenue une association plus durable que celle des animaux, c'est parce que la durée de l'allaitement d'abord, puis la croissance des petits, est beaucoup plus longue que chez les autres mammifères et même que dans l'espèce humaine civilisée. Chez les sauvages, la durée de l'allaitement est de plusieurs années, deux, trois ans. Elle prolonge donc le lien de la famille, bien au-delà de l'union sexuelle.

2° Les enfants, restant auprès des parents, même quand ils sont devenus grands, et s'unissant à leur tour, en couples nouveaux, la famille a dû s'élargir progressivement et devenir le clan ou la tribu — laquelle a dû conserver les caractères de la communauté familiale, dans la production comme dans la consommation. On trouve encore aujourd'hui maints exemples de ces familles agrandies en communautés : le plus commun est la *Zadruga* des pays yougoslaves.

Et pourtant les sociologues s'accordent généralement à admettre que l'évolution a été en sens inverse de celle que nous venons de retracer et qu'elle a commencé non par la famille s'élargissant en clan, mais au contraire par le clan se fragmentant peu à peu, et par une longue évolution, en familles polygames, ou monogames, ou matriarcales.

Peu importe d'ailleurs pour l'objet de notre étude, car dans l'un ou l'autre cas il y aurait communauté, que ce fût celle de la tribu ou celle de la famille.

Mais quel était le caractère de cette communauté ? Impliquait-elle communauté dans la production ? dans l'habitation ? dans la consommation ? et surtout aide mutuelle, le « chacun pour tous et tous pour chacun », celle de nos sociétés coopératives et mutualistes actuelles ? C'est ce qu'affirme dans un panégyrique enthousiaste l'anarchiste Kropotkine. Mais cette restauration de la thèse du « bon sauvage », si en honneur au XVIII° siècle, ne semble guère confirmée par l'observation des sociétés sauvages existantes.

Il est vrai que nous ne savons pas si ces sociétés des noirs du Congo, ou des indigènes des îles du Pacifique, ou des Esquimaux, peuvent être considérées comme des survivances, et par conséquent des représentations fidèles des sociétés primitives, ou s'il ne faut pas y voir plutôt les formes dégénérées d'un état antérieur — comme le sont aujourd'hui les sociétés de castors. Les hommes primitifs avaient-ils le sentiment de la solidarité ? On voudrait le croire. Quand on pense à ce que devait être la vie de ces malheureux êtres humains, au milieu d'une terre encore peuplée par les animaux les plus féroces, aux prises avec le grand ours des cavernes et le mammouth, et sans autres armes que des pierres ou des bâtons, on ne peut se les représenter autrement que se serrant les uns contre les autres pour former des sociétés d'aide mutuelle, de défense mutuelle.

Mais si la solidarité défensive était imposée par les conditions de la vie, il ne semble pas que la solidarité morale, au sens où nous l'entendons aujourd'hui, fût bien solide.

Nombreuses encore aujourd'hui les sociétés sauvages qui abandonnent les enfants ou qui les vendent pour s'en débarrasser et qui de même abandonnent ou massacrent leurs vieillards.

Certains faits, observés aussi chez les sociétés sauvages actuelles, semblent en désaccord avec l'idée que nous nous faisons d'une communauté originaire, tout au moins dans la consommation. Par exemple, les femmes et les hommes semblent avoir eu une nourriture différente : les hommes vivent du gibier, des bêtes qu'ils ont tuées ; les femmes vivent des végétaux qu'elles ont été chercher et cueillir.

Il y a là une différenciation, mais ce n'est pas celle des abeilles ou des fourmis qui contraint à la communauté de vie : celle-ci conduit à la séparation ; elle crée presque deux espèces différentes, les hommes étant carnivores, les femmes herbivores, si je puis dire.

Au reste il n'est pas besoin de remonter aux sociétés primitives : dans nos campagnes du Midi de la France, dans les fermes, les femmes ne mangent pas avec les hommes. Mais ce qui est plus surprenant c'est qu'on trouve des sociétés primitives dans lesquelles la règle est non seulement que les deux sexes doivent manger séparément, mais que l'homme ne doit pas manger en public. Encore aujourd'hui, chez diverses tribus africaines, chez les Touaregs, il est inconvenant de manger devant témoins ; c'est un genre de pudeur analogue à celui de la pudeur sexuelle.

Et pourtant, s'il y a un acte aujourd'hui qui invite à la communauté, c'est la consommation, c'est le repas à la même table, la convivialité.

§ 2. — Les origines de la propriété mobilière

Sans chercher davantage quel était le genre de vie et les relations sociales des hommes primitifs, nous pouvons du moins affirmer que la propriété individuelle était reconnue pour tous les objets mobiliers, armes, instruments, poteries, objets d'art. Comment concevoir qu'ils aient jamais été biens communs ?

Quand on voit une de ces pierres taillées ou polies et qu'on pense au nombre de jours, de mois, peut-être d'années, qu'il a fallu pour les façonner et les rendre propres à l'emploi auquel on les destinait, et cela sans autre instrument que la pierre elle-même, tour à tour matière et outil, on imagine facilement quel prix l'artisan devait y attacher ! et il est à croire que chez lui le sentiment de la propriété individuelle devait être

plus jaloux encore que celui du paysan de nos jours
pour sa terre, ou de l'artiste pour son œuvre, et qu'il
ne devait guère être disposé à l'abandonner à la communauté. Et la preuve, c'est qu'il l'emportait jusque
dans son tombeau. On sait que dans la tombe de l'homme primitif on disposait les objets mobiliers qui lui
avaient appartenu, ces objets qu'il avait fait siens, mais
qui, précisément parce qu'ils étaient comme incorporés
à sa personne, ne devaient pas lui survivre et devaient
mourir avec lui !

Puis, quand le cheval a été domestiqué, lui aussi a
été enterré souvent avec son maître.

Et quand les femmes sont devenues elles aussi propriété individuelle, elles aussi, comme les objets mobiliers, ont dû suivre le maître au tombeau.

Et la maison, était-elle propriété individuelle ? J'ai
reçu une lettre d'un médecin établi depuis bien des
années dans le pays des Bassoutos, qui dit : « Quand
le Bassouto meure, les héritiers ont seulement le droit
d'emporter tout ce qui est démontable dans la maison,
le mobilier, les portes et les fenêtres même, s'il y en a ;
mais la maison ne passe pas aux héritiers ; elle
demeure inhabitée elle meurt avec le maître. »

§ 3. — Les origines de la propriété foncière

La question de la propriété de la maison nous amène
à celle de la propriété de la terre et ici nous entrons
dans un domaine tout différent. Ici c'est bien la communauté qui paraît avoir été à l'origine de toutes les
sociétés.

Mais il faut se placer aux diverses phases de l'évolution économique. On sait qu'elles sont ainsi classées :

peuples chasseurs ou pêcheurs ;

peuples pasteurs ;

peuples agricoles.

Généralement ce sont là des formes successives de

l'évolution économique, car la seconde implique la domestication des animaux, et la troisième l'agriculture. Cependant nous voyons encore aujourd'hui des sociétés qui sont restées à la première ou à la seconde étape.

1° L'état de peuple chasseur exclut évidemment toute propriété individuelle de la terre. La terre n'est qu'un territoire de chasse qui appartient à la tribu.

Cet état implique d'ailleurs l'association dans le travail. Quand il s'agit du chasseur d'aujourd'hui, qui va tirer un lapin, ou du pêcheur à la ligne, il peut aller seul, mais quand il s'agit de la pêche ou de la chasse comme industrie, comme mode d'alimentation, alors on fait la chasse par bandes, on fait la pêche par barque. Et si la production ici exige la coopération, il doit en être de même dans la répartition, car on ne peut guère déterminer quelle est la pièce de gibier tuée par chacun.

Mais si le régime de communauté paraît inhérent à cette forme primitive de l'économie, il ne peut s'agir que de petites communautés, car la chasse exige de telles étendues de terroir qu'elle ne permet pas la formation de groupements considérables.

Quand nous avons parlé des abeilles et des fourmis, nous avons dit qu'elles formaient des agglomérations très nombreuses. Pour elles c'est bien facile. Dans le cercle de trois kilomètres de rayon qui mesure le vol d'une abeille, il y a assez de fleurs pour entretenir les 100.000 habitants de la ruche.

Mais dans le rayon des 10 ou 15 kilomètres que peut parcourir un chasseur, s'il est à pied, de 20 à 30 kilomètres s'il est à cheval, il n'y a pas assez de gibier pour entretenir des milliers d'hommes, pas même des centaines, et cela même à une époque où le gibier était infiniment plus abondant qu'aujourd'hui.

2° La propriété foncière va-t-elle apparaître dans la seconde phase, la vie pastorale ? Pas plus que dans la précédente.

Le gibier étant domestiqué, transformé en troupeaux et multiplié à volonté, la subsistance a été assurée et la famille a pu s'agrandir aux proportions de la bande ou de la tribu. Ç'a été le temps des patriarches.

La vie pastorale marque certes un grand progrès social. On ne tue plus les vieillards ; au contraire, c'est le vieillard qui est le chef de la tribu, le patriarche. On n'abandonne plus les enfants. Il peut donc se former là de grandes communautés. Mais si la famille peut se nourrir avec le troupeau, il faut d'abord que le troupeau puisse trouver à se nourrir, et comme le pâturage est vite épuisé, il faut se déplacer ; c'est pourquoi la vie de nomade, la vie sous la tente, est une des caractéristiques des peuples pasteurs.

Or, il est évident que la vie de nomade est incompatible avec la propriété foncière. De même que la chasse, la vie pastorale comporte seulement une délimitation de territoires entre les tribu·. Nous voyons dans la Bible, où se trouvent les plus anciens et les plus magnifiques tableaux de la vie patriarcale, cet épisode de la vie d'Abraham :

Abram (le patriarche n'avait pas encore reçu le nom d'Abraham) dit à Loth : « Tout le pays n'est-il pas à ta disposition ? Sépare-toi, je te prie, d'avec moi : si tu choisis la gauche, je prendrai la droite, et si tu prends la droite, je prendrai la gauche... » Alors Loth choisit pour lui toute la vallée du Jourdain (avant que la Mer Morte l'eut en partie engloutie) et Abram demeura au pays de Canaan (plus tard la Judée).

3° Mais voici la troisième période, celle de l'agriculture. Ce n'est plus seulement l'animal sauvage qui a été domestiqué et peut donner sa chair ou son lait, c'est la terre elle-même et toute la vie végétale qu'elle porte en son sein qui va assurer la subsistance régulière de la famille, de la cité, de la nation.

Il y a quelque raison de penser que c'est aux femmes qu'est due cette découverte prodigieuse de l'agriculture. En effet les hommes vivaient spécialement de la chasse et de la guerre, et c'étaient les femmes qui avaient la spécialité de la nourriture végétale, de la cueillette.

C'est la femme qui, alors comme aujourd'hui, si vous me permettez cette expression, était chargée de faire la soupe. Pour faire la soupe, elle allait avec son panier, sinon comme aujourd'hui au marché, du moins à la cueillette dans les bois ; et, à force d'aller à la cueillette, elle a dû apprendre à connaître les espèces végétales et la loi de leur végétation, et quand elles mûrissent, et comment le grain qui est semé peut germer et donner de nouveaux produits.

N'est-ce pas émouvant de penser que ce serait la femme qui aurait la première découvert le grain de blé ? Il y a eu un certain mérite à cela, car quand on voit un grain de blé et qu'on essaye de le croquer, assurément on ne se douterait guère, si on ne savait ce qu'il est, qu'il contient le pain de vie, sinon de tout le genre humain, du moins de la race blanche. Et combien moins encore pouvait-on le deviner quand ce blé n'était encore que ce qu'il pouvait être à cette époque-là, le blé sauvage qu'on ne retrouve plus aujourd'hui.

Quels sont les effets qu'a entraîné le passage de l'état pastoral à l'état agricole ?

En se substituant aux formes plus ou moins communautaires des régimes antérieurs, chasse, pêche, élevage de troupeaux, l'agriculture a-t-elle inauguré le régime de la propriété foncière ?

C'est ce qu'elle fera plus tard, mais cette évolution a été lente et n'est pas encore partout achevée aujourd'hui. Même après les débuts de l'agriculture, c'est la communauté de la terre qui paraît avoir été à l'origine de toutes les sociétés. Cette thèse a été exposée dans des livres bien connus, notamment celui d'Émile de Laveleye sur « Les Formes primitives de la Propriété », publié il y a une cinquantaine d'années, et bien d'autres. Et quoique ces livres soient considérés aujourd'hui comme dépassés et que cette doctrine, comme tant d'autres du jour où elles deviennent des lieux communs, ait trouvé des contradicteurs, elle nous paraît cependant de l'ordre des vérités évidentes et d'ailleurs confirmées aussi bien par ce que nous savons de l'histoire que par les survivances actuelles.

Voici, par exemple, un passage d'une étude sur les sociétés primitives dans le Congo (1) par un auteur belge :

« La pensée que des hommes peuvent réclamer la propriété de la terre est encore insaisissable pour ces gens. Ils reconnaissent seulement un droit temporaire sur les fruits des champs travaillés, et encore sur ce que la terre produit spontanément.

« L'agriculteur, à son gré, choisit une parcelle de ter[i]. Abandonne-t-il ensuite le champ sans y déposer de nouvelles semences, chacun peut dans son clan lui succéder dans la jouissance du fonds.

« Le produit des arbres à fruit lui appartient exclusivement, lorsque leur ombrage couvre la place de sa hutte. Ce qui croît plus loin à l'état sauvage lui reste aussi réservé s'il y laisse sa marque, par exemple s'il a entouré le tronc du palmier de la ceinture qui lui sert à grimper sur l'arbre. »

Cette idée que la propriété privée ne doit avoir pour objet que ce qui est le produit du travail et non les biens donnés par la nature, s'est imposée dès le début et, malgré toutes les entorses que les luttes ou les spoliations lui ont fait subir, elle demeure et reparaît dans tous les systèmes dits de nationalisation.

Il n'est pas besoin d'aller chez les noirs du Congo pour constater la non existence de la propriété foncière à l'origine. Même dans une période de civilisation déjà très avancée, dans le droit romain, qui est la source de nos lois, il n'y avait pas de mot pour désigner la propriété foncière proprement dite. Les Romains désignaient le patrimoine par ces deux mots *familia* et *pecunia famiilia* c'étaient les esclaves, *pecunia* c'était

---

(1) *Système économique des Primitifs dans l'État indépendant du Congo*, par N. Thonnar, 1901.

le troupeau (*pecus*). La terre n'y est pas nommée : elle ne comptait donc pas dans le patrimoine personnel.

Tous les étudiants en droit savent que le mode classique d'aliénation des Romains c'était la *mancipatio* (*manus capere*), ce qui veut dire « tenir avec la main ». On ne peut tenir en main que les objets mobiliers.

La propriété individuelle de la terre, d'après le livre célèbre de Fustel de Coulanges, *La Cité antique*, n'aurait pris naissance que pour les morts : la première propriété a été celle du tombeau.

Cette propriété était liée au culte des ancêtres ; le mort était devenu dieu ; le lieu où il reposait devenait un lieu sacré qui lui appartenait. N'est-ce pas une idée impressionnante que de penser que ce seraient les morts qui auraient fondé la première propriété foncière ?

Puis la tombe de l'ancêtre serait devenue comme le centre autour duquel, peu à peu, s'est étendue la propriété foncière, la maison, le clos qui l'entoure. Et cette propriété étant sacrée, devait être aussi inaliénable ; elle ne pouvait devenir un objet de commerce.

Les Romains, dans les premiers temps, avaient assigné à chaque citoyen romain deux jugères de terrain, ce qui faisait à peu près un demi hectare. Ce n'était pourtant pas suffisant pour nourrir une famille, mais tout ce qui était en dehors de ce petit clos restait terre publique. Seulement celle-ci fut peu à peu accaparée par les patriciens, d'où plus tard la revendication des plébéiens et les lois agraires.

Il est vrai que cette communauté de la terre n'a aucun rapport avec le communisme égalitaire ; c'est plutôt une sorte de nationalisation, car elle est représentée uniquement par le chef du clan ou de la tribu qui considère la terre commune comme lui appartenant et en dispose à son gré ; s'il vient un étranger demandant une concession de terre, c'est le chef qui la lui donnera.

Et plus tard, quand la tribu devient société civilisée, ce chef s'appelle l'Etat, le gouvernement.

C'est ainsi qu'encore aujourd'hui, d'après le droit anglais, toute la terre de la Grande-Bretagne appartient au roi. En fait, aucun propriétaire n'a souci de cette superpropriété qui le domine, ni même n'y songe ; ce n'est là qu'une fiction juridique qui n'implique aucune communauté de fait.

Il faut noter qu'il y a là un épisode qui survient dans l'histoire de la propriété foncière de tous pays : les soldats, les chefs, les prêtres, tous ceux qui représentent une noblesse quelconque, reçoivent du roi des portions de terre et forment ainsi le régime féodal où la propriété de la terre se confond avec la souveraineté.

Cette même situation existe en Russie depuis la Révolution soviétique. En droit toute propriété foncière a été abolie, toute la terre appartient à la nation russe. Mais en fait le paysan qui cultive sa terre la considère comme étant sa propriété.

Et même les paysans vivent d'une vie plus individualiste qu'avant la Révolution, car l'ancienne communauté du mir s'effrite assez rapidement. Le gouvernement russe s'efforce de le ressusciter sous une forme modernisée en créant chez les moujiks de véritables sociétés coopératives communistes, en les associant dans les mêmes cultures, mais il n'y réussit guère.

De tous ces faits relatifs aux sociétés humaines primitives ou sauvages, peut-on tirer quelque prévision pour l'avenir ?

Supposons que l'on admette l'existence d'une communauté primitive, qu'en faudra-t-il conclure ? Sera-ce un argument pour le communisme ? Non, car on pourra dire que c'est là un régime définitivement dépassé et que tout effort pour y revenir ne peut être qu'une tentative vaine condamnée par la loi d'évolution, une régression ? C'est l'argument habituel des économistes.

Il nous paraît cependant peu probant, car le poète latin Horace avait déjà dit : « Souvent on voit reparaître les choses passées » — et la théorie des cycles est plus scientifique que celle de l'évolution en ligne droite.

Que si, au contraire, on admet qu'il n'y a point eu de communautés au début, sera-ce un argument contre ce régime ? Non, car rien ne prouve qu'elle ne se trouvera pas à la fin. Nous avons dit que certains naturalistes prétendent que les abeilles ne sont arrivées à la ruche qu'après une évolution de cent millions d'années. Les fondateurs des colonies communistes n'ont donc pas lieu de se décourager et leurs tentatives, que nous allons étudier, ne sont peut-être que les anticipations d'un lointain avenir.

§ 4. — Les États Communistes.
L'Empire des Incas.

Ne peut-on découvrir dans l'histoire quelques États qui aient été constitués sous une forme plus ou moins communiste ? Ce serait là un document précieux.

Nous n'en trouvons pas — pas du moins en Europe. On cite Sparte. A Sparte, dit-on, on élevait les enfants en commun, et pour les hommes, les repas étaient pris en commun : les femmes seules mangeaient au logis. Mais il n'y avait rien là de communiste. Sans doute les Spartiates se réunissaient-ils dans ces banquets comme beaucoup d'hommes aujourd'hui vont dîner au club, et même il est dit que chacun apportait sa portion ; c'était simplement des pique-niques.

On a trouvé pourtant un pays où aurait existé un régime communiste ; mais il faut aller le chercher dans l'Amérique du Sud ; c'est le royaume des Incas.

Cet Empire ne paraît pas avoir existé avant le xiiiᵉ siècle, le régime antérieur étant celui de tribus dispersées et ennemies. Il aurait donc duré environ trois siècles, jusqu'à la conquête espagnole en 1520.

Il y a quelques mois (5 juillet 1927), une communication a été faite à la *Société d'Économie politique* par M. L. Baudin, professeur à la Faculté de Droit de Dijon.

Le rapporteur a puisé ces renseignements, dit-il, non seulement dans les nombreuses histoires de la conquête espagnole, mais dans une énorme collection de documents inédits sur l'histoire des Indes espagnoles (145 volumes). Ils lui paraissent confirmés par certaines survivances de ce régime ancien dans la constitution actuelle du Pérou. Mais il ne faut pas oublier que les Incas ne connaissaient pas l'écriture ; ils ne se servaient, pour conserver leurs souvenirs, pour noter les faits et les chiffres, pour exprimer leurs idées, que de cordelettes avec des nœuds plus ou moins compliqués : la différence de grosseur ou de couleur constituaient leur alphabet et qui n'a pu être déchiffré.

D'ailleurs il n'en reste rien, parce que les Espagnols, là comme partout, ayant anéanti tout vestige de cette civilisation indigène, on ne retrouve que des ruines colossales ensevelies sous la forêt vierge. Aujourd'hui le Pérou met un amour-propre national à reconstituer cette histoire, pour antidater ses origines et se donner des titres de noblesse. Mais il est trop tard et nous ne savons pas grand'chose sur le régime social des Incas.

D'après la communication de M. Baudin, l'État était seul propriétaire de toute la terre, mais chaque famille recevait un lot d'une étendue proportionnelle à ses besoins, qu'elle cultivait et dont elle gardait les produits qui devaient suffire à peu près à sa consommation. Le restant était partagé entre le Soleil (c'est-à-dire Dieu) et l'Inca (c'est-à-dire l'État). Ces terres publiques étaient cultivées sans doute par le système de corvées gratuites et les produits étaient emmagasinés sous forme de réserves pour pourvoir aux besoins des dépenses des prêtres, des chefs, des infirmes, des indigents, et aussi pour les imprévus.

De même le bétail — qui d'ailleurs n'était autre que le lama, ces populations n'ayant jamais connu le cheval, le bœuf, la vache, ni même le mouton — n'était concédé à chaque famille qu'en nombre très limité, la plus grande partie restant troupeau de l'Église ou de l'État.

Il n'y avait point de salariat, chacun cultivant son bien ou le domaine public. Il n'y avait point d'échange, sinon avec les étrangers. Il n'y avait même point de monnaie métallique, d'après M. Baudin, mais seulement des monnaies en nature, maïs, plumes, coquillages — ce qui est vraiment surprenant dans un pays si riche en or et en argent qu'il allait en inonder l'Europe pendant deux siècles.

Il n'y avait donc pas chez les Incas communauté d'habitation, ni de consommation, ni même de répartition, puisque chacun devait pourvoir à ses besoins. C'était un régime que nous retrouverons plus loin dans les Républiques des Jésuites du Paraguay ; probablement ceux-ci le connaissaient et s'en sont inspirés dans leurs constitutions.

Ce régime communautaire se maintient encore aujourd'hui chez les indigènes des hauts plateaux du Pérou et de la Bolivie.

Nous avons trouvé des renseignements assez différents, sinon plus authentiques, dans un livre de M. Bonthoux (1) paru à la même date que la communication de M. Baudin, coïncidence d'autant plus curieuse que ces deux auteurs ne semblent pas avoir eu connaissance, l'un ni l'autre, de leurs publications.

L'auteur a passé toute son enfance au Pérou et y a vécu une trentaine d'années. Il dit avoir été intimement lié avec un vieillard qui possédait les traditions les plus authentiques de la civilisation des Incas, et même consignées dans un livre, non pas ceux faits de cordelettes mais un livre imprimé.

Seulement, le navire sur lequel s'était embarqué M. Bonthoux pour rentrer en France fit naufrage « engloutissant cette précieuse collection qui aurait peut-être changé les destinées du monde ». Voilà une histoire bien romanesque, mais il ne faut pas oublier que son auteur est de Marseille.

_____

(1) *Le Régime Économique des Incas*, par Bonthoux, 1927.

M. Bonthoux ne dit point que toute la terre fut la propriété de l'Etat, mais le trait caractéristique c'est que l'Etat, était le seul commerçant ; tous les produits étaient versés dans les magasins de l'Etat ; c'est là qu'il fallait aller chercher tout ce dont on avait besoin. Le magasin d'Etat était ainsi le centre de la vie économique ; tout y aboutissait et tout en sortait.

D'après M. Bonthoux la monnaie or et argent était parfaitement connue et usitée. L'Etat payait en monnaie aux producteurs tout ce qu'il achetait ; et réciproquement, on lui payait en monnaie tout ce qu'il vendait. Cette monnaie aurait été précisément ce que les collectivistes voudraient créer sous la forme de bons de travail. Seulement ces bons n'étaient pas en papier mais en jetons de vrai or ou argent. L'unité monétaire, qui était en or, correspondait à la valeur d'une journée de travail. Et les subdivisions de l'unité correspondaient à un certain temps de travail ; par exemple, à la durée d'une heure, de cinq minutes et de 1 minute. Et comme leur système métrique était duodécimal, cela cadrait à merveille.

Quand le producteur portait sa marchandise au magasin, on lui donnait la quantité de monnaie représentant le nombre de journées ou d'heures de travail effectuées (ou sans doute évaluées à forfait d'après un certain taux) ; et de même, l'acheteur qui prenait un produit le payait avec la quantité de monnaie correspondant au nombre d'heures qu'il représentait. Ainsi, on payait toujours au juste prix, il n'y avait ni profit, ni lucre, ni spéculation. C'était déjà le système qu'Owen devait chercher à réaliser dans sa Banque d'Echange.

Le prêt à intérêt n'existait pas. L'Etat seul prêtait — et gratuitement — à ceux qui en avaient besoin pour quelque œuvre utile. Lui-même n'empruntait jamais. Pour exécuter les travaux d'utilité publique — un magnifique réseau de routes notamment — l'Etat n'avait pas besoin d'emprunter ; il les faisait faire par une main-d'œuvre gratuite, ou payée avec des bons, lesquels lui revenaient bientôt par suite des achats dans les magasins publics. Ainsi les Incas auraient connu non seulement la monnaie métallique mais la monnaie fiduciaire.

En tout cas, que le royaume des Incas ait été une République communiste, ou une espèce de socialisme d'État à forme théocratique, toujours est-il que le système qu'il avait pratiqué ne lui a guère réussi, à voir la façon pitoyable dont il s'est effondré.

Pour renverser cet empire qui s'étendait sur une surface plus grande que la France, avec une population (12 millions, dit-on), plus considérable que celle de l'Espagne d'alors, jouissant d'une civilisation qui, malgré l'ignorance de l'écriture, malgré le manque de ces deux facteurs de l'industrie aryenne qui ont été le fer, les animaux de trait et de labour, a été pourtant remarquable, à en juger par ses monuments et ses œuvres d'art — il a suffi d'une armée de 168 hommes, dont 30 ou 40 cavaliers, conduits par l'aventurier Pizarre.

Je sais bien que la facile victoire de Pizarre a été due à un acte de trahison abominable, dont l'histoire coloniale, si riche en scélératesses, n'offre guère d'exemples (1) ; mais n'importe ! un acte de banditisme n'aurait pas suffi pour abattre un empire s'il eût été fondé sur une base solide.

Il faut donc en conclure que ce n'est pas là un exemple à recommander.

____

(1) Pizarre invita le roi Atahualpa à venir le voir dans son camp avec toute son armée et en profita pour tailler en pièces l'armée indigène et se saisir du roi. Il lui promit cependant de le relâcher moyennant rançon — toute une grande chambre remplie de vases et objets en or — mais quand la rançon eût été payée, le roi Atahualpa fut condamné à être brûlé vif. La seule grâce qui lui fut accordée ce fut d'être préalablement étranglé.

CHAPITRE IV

LES COMMUNAUTES MONASTIQUES

Bon nombre de mes auditeurs s'étonneront peut-être que dans un cours sur la Coopération, ou même sur les colonies communautaires, je fasse une place aux communautés religieuses.

Et pourquoi pas ? Ne sont-elles pas celles qui ont tenu la plus grande place dans l'histoire et de beaucoup, puisque pendant quinze siècles elles ont été un des facteurs de la civilisation, en bien ou en mal, selon l'opinion qu'on s'en forme, et qu'aujourd'hui encore elles sont loin d'avoir perdu toute influence.

Voltaire disait : « Moine, quelle est cette profession ? C'est celle de n'en point avoir, de s'engager par serment inviolable à être absurde et esclave, et à vivre aux dépens d'autrui. »

Ce jugement n'était peut-être pas trop sévère à l'époque où Voltaire écrivait, mais il l'était pour le temps passé. A l'époque de Voltaire, au xviii° siècle, on ignorait complètement le Moyen-Age et on le méprisait. Aujourd'hui, nous connaissons mieux l'histoire des communautés religieuses. Cette histoire n'est nullement négligeable ni méprisable. Elle sera ici une introduction naturelle à l'histoire des Républiques des Jésuites du Paraguay.

§ 1. — Historique.

Les congrégations religieuses, comme on les nomme généralement, n'ont pas été, dès le début, des communautés. Les moines ont commencé par vivre isolés. Vous remarquerez même la bizarre étymologie de ce mot « moine » qui est usité pour qualifier ceux qui vivent en communauté, et qui cependant vient du grec *monos*, qui veut dire « seul ».

C'est qu'en effet, les premiers moines étaient ce qu'on

appelle aujourd'hui des ermites ou ou des anachorètes ; ils vivaient dans les solitudes de l'Egypte, de la Thébaïde. Ce n'est que plus tard qu'ils se sont groupés en communautés. Et longtemps encore ces communautés étaient loin de ressembler à ce que nous connaissons aujourd'hui sous ce nom.

Ce n'était d'abord que des bandes, comme on dit, non pas pourtant de bandits, mais d'esclaves, d'affranchis, de réfugiés, et parmi eux bon nombre de *curiales*, possesseurs de terres qui, se trouvant dans l'impossibilité de payer leurs impôts, s'enfuyaient, traqués par le percepteur. Nous verrons plus loin que les colonies socialiste ou anarchiste de nos jours n'ont pas des origines très différentes.

Ces groupements n'avaient encore aucun des caractères des congrégations religieuses ; ils étaient tout à fait laïques. Aucun de leurs membres n'avait qualité pour dire la messe et célébrer les sacrements ; il fallait qu'ils fissent venir un prêtre pour officier et faire les services religieux.

On n'y prononçait pas de vœux. Chacun entrait et sortait comme il voulait. En entrant il déposait ses habits de paysan, de bourgeois, ou de soldat, et quand il en avait assez, il les reprenait pour s'en aller.

Ils étaient oisifs et l'apostrophe de Voltaire pouvait certainement s'appliquer à eux. Mais ils donnaient comme excuse pour ne pas travailler la parole de Jésus : « Voyez les oiseaux du ciel ; ils ne sèment, ni moissonnent, et mon Père les nourrit. Ne valez-vous pas beaucoup plus qu'eux ? »

Mais comme tout de même Dieu ne les nourrissait pas, ils se servaient eux-mêmes en prenant à droite et à gauche ce qui leur était nécessaire. Ces « hommes noirs » étaient la terreur de leurs contemporains, des Romains, des païens, comme ils les appelaient. Et ils étaient aussi de farouches iconoclastes, des Polyeuctes, se donnant pour mission de renverser les statues des dieux, les idoles des temples.

Ce n'est que bien plus tard, au vi° siècle, que ces groupements se sont disciplinés, ont accepté « la règle » et alors ont apparu les Ordres religieux ; le plus célèbre de tous, celui de saint Benoit, l'ordre des Bénédictins, a été fondé dans la première moitié du vi° siècle. Saint Benoit est mort en 540.

Ces Ordres furent de vraies communautés, avec une discipline des plus rigoureuses et qui groupait sous sa règle un plus ou moins grand nombre de maisons, de monastères. Chaque monastère était gouverné par un prieur ou abbé, qui était élu par les membres de la communauté, mais élu pour la vie, et qui exerçait un pouvoir absolu. C'était en petit comme l'Empire romain dont le chef, le César, était soi-disant élu, lui aussi, et pour la vie.

Mais quoique chaque Ordre eut sa règle distincte, imposée par son fondateur, tous avaient certains caractères communs. Tous les moines prononçaient des vœux perpétuels, les trois vœux bien connus : vœu de chasteté, vœu de pauvreté, vœu d'obéissance.

Les règles auxquelles ces communautés s'étaient astreintes n'étaient pas purement religieuses. On pourrait même dire qu'en outre de ces trois vœux il y en avait un quatrième, le vœu de travail. A partir de ce moment-là, le qualificatif de Voltaire n'a plus de raison d'être. Les moines n'étaient plus des oisifs, et même on ne pouvait pas dire, comme des nobles de leur temps, qu'ils vivaient aux dépens des pauvres gens.

Vous savez que l'expression « un travail de bénédictin » est passée en proverbe. Il est tout à fait justifié, mais les Bénédictins n'ont pas été les seuls à travailler. L'emploi du temps le plus général était : 7 heures de travail, 7 heures d'offices religieux, 2 heures de lecture ; restait 8 heures pour le sommeil et les repas. Ce n'était plus la parole de Jésus-Christ, citée plus haut, qu'on prenait pour mot d'ordre, mais celle de saint Paul, *qui non laborat non manducat*, que celui qui ne travaille pas ne mange pas ! Ces travaux étaient grands et divers.

D'abord, sous la forme de voyages d'exploration : les premières communautés chrétiennes dans le monde romain étaient des communautés de missionnaires. Elles allaient s'établir dans les lieux les plus isolés, au milieu des forêts, où l'on trouve encore aujourd'hui les restes splendides des abbayes. Là, ils créaient de véritables colonies, comme font aujourd'hui les missionnaires protestants ou catholiques dans les pays d'Afrique ou d'Asie.

Ils allaient loin, ces moines explorateurs ! Les pays situés à l'extrémité de l'Europe — bien loin du centre de la civilisation méditerranéenne — l'Ecosse, l'Irlande, sont devenus à leur tour des foyers de culture sous l'influence de ces communautés : tels le monastère d'Iona, en Ecosse, le monastère de Bangor, en Irlande.

Les voyages de saint Brendan, au milieu du vi° siècle, le moine d'Irlande, sont restés célèbres. Il raconte que son bateau a été poussé par le vent pendant quinze jours et quinze nuits, vers le nord ; des monstres marins suivirent son vaisseau — et lui et ses compagnons arrivèrent ainsi à un pays où les jours se succédaient sans aucune nuit, où ils avaient vu des cathédrales de cristal, le rocher où était exilé Judas le réprouvé, et finalement l'île qui est le séjour des bienheureux.

Il est facile de reconnaître dans ces monstres marins les baleines, dans ces îles de cristal les icebergs des mers boréales, mais il est plus difficile de deviner l'île où saint Brendan a vu le Paradis : serait-ce les îles Shetland, ou même l'Islande ?

Ils ont été aussi, ces moines, de grands défricheurs, des pionniers, autant que le seront mille ans plus tard les pionniers du Far-West américain. Autour de chaque monastère, ils ont abattu les forêts, d'une hache infatigable (1).

____

(1) Voir l'éloquente *Histoire des Moines d'Occident* de *Montalembert*.

On voyait inscrite sur les monastères la devise *cruce et aratro* (par la croix et par la charrue), qu'ils avaient substituée à la devise de la colonisation romaine *ense et aratro* (par l'épée et par la charrue).

Ils abattaient les forêts avec d'autant plus de zèle qu'ils n'y apportaient pas seulement l'ardeur du pionnier mais aussi celle des iconoclastes dont je parlais tout à l'heure ; car les forêts, à ce moment-là, étaient les lieux sacrés des druides, et c'était là que les divinités païennes s'étaient réfugiées sous la figure des fées.

Toutes les villes qui portent, en France, un nom de saint et qui se comptent par milliers — voyez tout autour de Paris, Saint-Germain, Saint-Cloud, Saint-Denis, Saint-Mandé, et en Bretagne, Saint-Malo, Saint-Guénolé, et ailleurs Saint-Quentin, Saint-Etienne, Saint-Gilles, toutes ces villes se sont formées autour de quelque monastère et ont pris le nom du saint qui y était honoré.

Au point de vue purement économique, la vie des monastères était aussi très intéressante. C'était le type de ce qu'on appelle en économie politique, « une économie fermée », une économie se suffisant à elle-même : car on n'y pratiquait ni la vente ni l'achat.

Le monastère n'achetait presque rien au-dehors, parce qu'il produisait presque tout ce qui était nécessaire aux besoins de la communauté. On y produisait même, généralement, plus que ce qui était nécessaire aux moines, parce qu'il y avait toujours toute une clientèle de vassaux, de mendiants, de pèlerins, d'hôtes de passage, pour qui le monastère était le palace-hôtel d'aujourd'hui — mais gratuit.

Les terres des moines étaient des lieux d'asile pour les serfs qui venaient chercher un abri sur les terres de l'abbaye, contre leurs seigneurs.

Les animaux eux-mêmes y venaient chercher un asile dans la partie des forêts qu'ils avaient laissées et qui étaient vastes encore. Les moines ne mangeaient pas de viande et en tout cas ne faisaient pas la chasse, à une époque où la chasse était l'occupation habituelle de tous les seigneurs. En sorte que les domaines des moines étaient un peu ce que sont aujourd'hui, en Amérique ou dans certains pays d'Europe, ce qu'on appelle des « réserves », où la chasse est défendue afin de conserver les espèces animales ou végétales menacées de disparition.

Bon nombre de légendes poétiques racontent l'histoire de ces animaux, poursuivis par les seigneurs, et se réfugiant sur les terres des monastères à l'ombre de la croix.

S'il est vrai qu'aujourd'hui, les grandes propriétés des communautés religieuses puissent être considérées comme nuisibles au point de vue économique parce que biens de main-morte, et même parfois comme dangereuses au point de vue politique, tout au moins au point de vue électoral, il n'en était pas de même à cette époque-là.

Au Moyen-Age, les grands domaines des monastères ont été ce que sont aujourd'hui les fermes-écoles, on pourrait même dire les écoles d'agriculture. Dans un temps où l'agriculture était absolument ignorée, aussi bien par les propriétaires féodaux que par leurs pauvres serfs, les uns et les autres d'ailleurs n'ayant point de capitaux pour faire valoir leurs terres — ce n'est que dans les domaines appartenant aux congrégations religieuses qu'on pouvait trouver quelque chose qui ressemblât à une culture scientifique.

Beaucoup de crus de nos grands vins ont été plantés et créés par des monastères, dont ils ont reçu leur nom. Ils étaient très connaisseurs en vins, les bons moines, et même en liqueurs, et je n'ai pas besoin de rappeler les liqueurs célèbres qui sont sorties de leurs alambics : la Grande-Chartreuse, la Bénédictine de Fécamp, et bien d'autres dotées de vertus plus ou moins curatives.

Les métiers manuels et les arts industriels n'étaient pas très pratiqués dans les monastères, parce qu'ils n'étaient pas nécessaires, les besoins en fait de vêtements et de mobilier étant réduits au minimum. Cependant les uns s'occupaient de musique pour les chants liturgiques, les autres d'astronomie pour la fixation des fêtes du calendrier. Certains même ne craignaient pas de s'occuper d'alchimie. On sait que la notation de la musique avec les 7 notes de la gamme, *do, ré, mi,* etc., est due à un moine bénédictin, Guy d'Arezzo. Et le dicton ironique : « il n'a pas inventé la poudre » ne peut toucher les moines, car c'est précisément à l'un d'eux, Roger Bacon, que l'on attribue cette découverte (mort en 1294).

A la devise rappelée tout à l'heure, *cruce et aratro,* il faudrait ajouter *et libro,* car dans tout ce qui concerne l'art et l'industrie du livre ils étaient passés maîtres.

C'est dans ces communautés monastiques que s'est réfugiée la vie intellectuelle au Moyen-Age. C'est là que se sont constituées les premières bibliothèques. Elles étaient bien pauvres comme nombre de livres. L'abbaye de Jumièges, dont on admire les ruines en descendant le cours de la Seine, possédait une des plus belles bibliothèques de ce temps ; elle n'avait cependant que 400 volumes ! Mais ils avaient trois pieds de haut : on ne pouvait les lire que placés sur de solides pupitres, un homme pouvait à peine déplacer un d'eux. Ils avaient une valeur énorme. Quand on achetait un de ces livres on passait un acte devant un notaire, comme on fait aujourd'hui pour les immeubles. Et quand on les prêtait — car il y avait déjà des prêts de livres qui se faisaient seulement de couvent à couvent, comme on fait aujourd'hui pour les livres très rares entre bibliothèques universitaires — il fallait remettre des gages, généralement des reliques pour assurer la restitution du volume.

Les plus beaux volumes étaient généralement attachés par des chaînes ; ils devenaient ainsi des espèces d'immeubles par destination.

Dans les histoires de la Réformation on a dénoncé souvent avec indignation ce fait que dans un couvent

Luther avait trouvé la Bible attachée avec des chaînes de fer ; et on commentait ce fait en disant que les catholiques enchaînaient la Bible pour que le public ne pût avoir connaissance de la Parole de Dieu ! La vérité c'est que ce devait être tout simplement une Bible à laquelle ce couvent attachait un grand prix.

Les moines ne se bornaient pas à faire des collections de livres. Ils copiaient ces livres. Saint Colomban, dans sa vie, a copié trois cent fois les Evangiles et autant de fois le Psautier. C'étaient eux aussi qui les reliaient et qui les enluminaient. C'était les éditeurs de ce temps.

Sans doute, on peut bien se plaindre qu'ils aient parfois détruit des livres irremplaçables de la littérature latine ou grecque pour y copier leur psautier ; et aujourd'hui, on est obligé de gratter ces vieux parchemins — c'est ce qu'on appelle les palimpsestes — pour découvrir, sous les écritures des moines, les originaux latins et grecs.

Mais tout de même, ils n'ont pas partout détruit ni méprisé les livres anciens et en ont sauvé beaucoup. Ces moines avaient aussi un certain sentiment littéraire. Pensez au moine Cadoc qui était si admirateur de Virgile qu'il ne pouvait se consoler à la pensée que Virgile, n'ayant pas connu Christ, avait dû être damné. Et comme un jour, se promenant au bord de la mer en lisant Virgile, un coup de vent emporta son livre, il ne douta plus que ce fut le doigt de Dieu qui eut fait justice de l'œuvre de ce réprouvé. Mais le lendemain un pêcheur lui apporta un gros poisson et dans ce poisson il trouva son livre de Virgile ! et alors Cadoc comprit que Virgile avait dû trouver grâce auprès de Jésus et que Dieu avait voulu lui apprendre par ce miracle combien il avait été lui-même homme de peu de foi en doutant de la bonté divine.

Ce n'étaient pas seulement des bibliothèques, c'étaient de vraies Universités que créaient les moines. Dans ces monastères, auprès de ces bibliothèques, accouraient en grand nombre non seulement les candidats moines, les novices, mais de vrais étudiants. On dit que le monastère de Bangor, dans le Pays de Galles, aurait compté jusqu'à 4.000 étudiants et 900 moines; ce sont probablement des chiffres exagérés, mais il y avait là tout de même des centres importants d'enseignement, et les seuls.

Et maintenant, pour en revenir au point qui nous occupe spécialement dans ce cours, au régime communautaire, il faut remarquer que la règle monastique n'imposait pas toujours une communauté de vie. Il y avait des ordres monastiques avec des règles différentes ; il y en avait dans lesquels les moines vivaient séparément dans des cellules, et même quand ils se rencontraient ils ne devaient pas se parler. Ceux d'entre vous qui ont visité des monastères ont pu voir souvent inscrite sur quelque cellule cette devise latine : *Beata solitudo, sola beatitudo*, heureuse solitude, seule béatitude !

Toutefois, dans la plupart des monastères, c'était bien la vie commune qui était pratiquée — à table, pour les repas, dans les champs pour les travaux et, cela va sans dire, à l'Eglise pour les offices.

Et c'était la communauté la plus absolue dans la possession des biens, puisque, par suite du vœu de pauvreté, aucun membre de la communauté ne pouvait rien posséder en propre. C'est donc le vrai type de la société communiste. Chacun de ces moines vivait non seulement pauvre, ce n'est pas assez dire, mais ne possédant absolument rien à lui. C'était un des exercices de la scolastique que de savoir si les moines n'ont pas tout au moins la propriété des aliments qu'ils consomment ? Mais on répondait généralement qu'ils n'en avaient que l'usage, ce qui mettait leur conscience en repos. Et pourtant ils vivaient dans des communautés qui allaient s'enrichissant par le travail de chacun, au cours des générations.

Nous ne trouverons certainement pas, dans les sociétés socialistes que nous aurons à passer en revue, un tel exemple de sacrifice complet de l'individu à la collectivité. Il est vrai que cette richesse de la communauté ne venait pas toujours du travail collectif de ses membres, mais beaucoup plus souvent de dons et legs, c'est-à-dire du dehors.

Et on ne peut pas dire non plus que cet enrichissement grandissant de ces communautés, de siècle en siècle, fut très à louer ni au point de vue économique, ni au point de vue moral, ni même au point de vue religieux. Mais aussi c'est de là qu'est venue leur ruine. On sait que « les milliards » des congrégations, comme on dit, ont tenu une grande place dans les préoccupations des hommes politiques.

§ 3. — Raisons du succès et de la décadence des communautés monastiques.

Mais quelle que soit l'opinion qu'on puisse avoir sur la formation de ces fortunes, elles sont la preuve que ces communautés ont réussi, tandis que nous verrons plus tard tous les essais de sociétés communistes ou socialistes finir dans la misère et dans la ruine, après une courte vie. D'où vient que les communautés religieuses ont pu vivre et s'enrichir ? Il faut donc qu'il y ait en elles quelque vertu spéciale ?

Cela s'explique aisément.

Ce qui tue les sociétés communistes laïques ce sont les querelles entre individus et surtout entre ménages. Ce n'est pas que les femmes soient moins sociables que les hommes, mais c'est que la famille est plus rebelle encore au communisme que l'individu. Et cela se comprend très bien, puisque la famille constitue déjà par elle-même une solidarité et que toute solidarité réagit par là-même contre le milieu où elle vit, c'est-à-dire contre les autres solidarités.

L'insuccès des communautés laïques tient aussi aux difficultés de se plier à une discipline, à une règle, d'autant plus intolérable que ceux qui forment ces communautés sont des libertaires et des révoltés, qui n'ont pu supporter les règles, ou ce qu'ils appellent les tyrannies, de la société actuelle. Vivre à côté les uns des autres, se soumettre à une règle pour la nourriture, pour le travail, c'est une cause d'irritation incessante.

Dans les monastères il n'y a que des célibataires, et s'ils sont sortis du monde ce n'est pas pour chercher une plus grande liberté mais au contraire pour fuir les tentations. La soumission à la règle est acceptée par chacun, et d'abord dans l'accomplissement des devoirs religieux. Quand on a pris l'habitude d'aller aux offices monastiques — à celui de prime, où il faut se lever à minuit, celui de matines, où il faut se lever au chant du coq, celui de tierce, le matin, celui de midi, celui de nones au milieu de l'après-midi, celui des vêpres, et le soir celui de complies — et chaque fois aller à la chapelle, et chaque fois s'agenouiller, et chaque fois répéter les mêmes psaumes, alors l'individu est maté et il ne lui en coûte guère de se plier à n'importe quelle règle de travail dans l'ordre économique.

Et le grand obstacle aussi dans les sociétés communistes laïques c'est la difficulté d'étouffer le sentiment de la propriété, le désir du gain chez l'individu; il désire garder pour lui tout ou partie du produit de son travail. De là ces conflits incessants qui finissent par amener la dissolution des sociétés communistes ou leur transformation en sociétés capitalistes, ou du moins coopératives. Mais cette forme d'individualisme est éliminée dans les communautés religieuses où chacun a fait vœu de pauvreté pour toujours.

Enfin la grande différence entre les communautés laïques et les communautés religieuses c'est que pour la première le communisme est le but, tandis que pour la seconde il n'est qu'un moyen, le moyen de faire vivre l'homme dans une vie supérieure, dégagée des soucis de ce monde. Ce n'est pas sur la terre qu'ils se proposent de réaliser la Cité nouvelle, la Cité de Dieu, mais au ciel, et par conséquent ils sont à l'abri des déceptions de ceux qui veulent l'organiser ici-bas et qui n'y arrivent pas.

L'histoire que je viens de résumer et qu'on peut appeler l'âge héroïque des communautés religieuses a pris fin, soit par suite de l'affaiblissement de la foi religieuse, soit aussi par suite d'une révolution dans le gouvernement de ces communautés. J'ai dit que ces monastères étaient gouvernés par des prieurs élus par les moines. Mais les rois de France, notamment François Ier, par le Concordat, supprimèrent l'élection et s'attribuèrent à eux-mêmes le droit de nommer les prieurs.

À partir de cette date, fut institué le règne des abbés, de ces élégants, dissolus, abbés de cour, qui recevaient les monastères comme on reçoit un cadeau, un bénéfice, de la main du roi ou parfois de ses maîtresses. Bussy d'Amboise, le mignon d'Henri III, reçut l'abbaye de Bourgueil; la belle Corisande, une des maîtresses de Henri IV, l'abbaye de Châtillon, etc...

Dans ces conditions, les moines eux-mêmes imitant leurs chefs, le tableau que fait Voltaire de la vie monastique se trouve assez ressemblant.

Mais cette époque où finit l'âge héroïque des grandes communautés religieuses du Moyen-Age, a vu naître un autre Ordre qui va prendre une grande place dans l'histoire, l'Ordre des Jésuites, créé en 1540 par Ignace de Loyola.

Ignace de Loyola avait donné aux Jésuites pour but de combattre la Réforme, qui venait d'enlever à Rome presque la moitié de l'Europe. Mais les Jésuites ne se contentèrent pas de cette mission défensive et ils se donnèrent pour but de compenser les pertes que venait de subir l'Eglise catholique en faisant pour elle la conquête du Nouveau-Monde. C'est en 1492 que l'Amérique a été découverte par Christophe Colomb, et c'est dès les premières années du siècle qui suit que les premiers missionnaires catholiques arrivent sur les rivages du Sud de l'Amérique. Nous allons les voir à l'œuvre.

CHAPITRE V

LES REPUBLIQUES DES JESUITES DU PARAGUAY

§ 1. — Les Débuts.

Si vous regardez la carte de l'Amérique du Sud, vous trouverez facilement l'immense estuaire du Rio de la Plata. Il fut reconnu pour la première fois par Juan Diaz de Solis en 1508, mais ce fut seulement en 1525 qu'il fut remonté pour la première fois et baptisé par un Français au service de l'Espagne, Sébastien Cabot. Il remonta jusqu'au confluent des deux fleuves, l'Uruguay et le Parana, qui forment cette mer d'eau douce. L'estuaire du Rio de la Plata est, sur une échelle colossale, à peu près comme notre estuaire de la Gironde formé par la réunion de la Garonne et de la Dordogne. Les deux fleuves américains, dont les cours sont presque parallèles pendant près d'un millier de kilomètres, embrassent une immense région. C'est là que fut le siège de ce qu'on appelle les Républiques des Jésuites du Paraguay quoique, comme nous le verrons, elles n'eussent rien de républicain.

Ce territoire forme aujourd'hui l'Etat du Paraguay et aussi la province de l'extrême sud du Brésil. A cette époque-là il était uniquement espagnol.

Ce territoire fut un sujet de guerre pendant un siècle entre l'Espagne et le Portugal. Vous savez que pendant tout le xvie siècle les Espagnols et les Portugais se sont disputé toutes les parties de la terre qu'on ne connaissait pas et que, pour les mettre d'accord, le pape Alexandre VI (Borgia) avait tracé une ligne imaginaire, coupant le globe terrestre en deux parties à travers l'Atlantique : tout ce qui est à l'orient appartiendra au Portugal, tout ce qui est à l'occident appartiendra à l'Espagne. Seulement, on ne savait pas bien où passait ce fameux méridien de l'autre côté de la terre ; il y avait donc controverse et conflit entre les Portugais et les Espagnols disant, chacun de leur côté : nous sommes ici chez nous, du bon côté de la raie. Le Brésil se trouvait sur cette région contestée, et c'est pourquoi les Portugais prirent le Brésil. C'est donc grâce à une erreur géographique, consacrée par un décret du pape, que l'immense Brésil est devenu portugais ; et, quoique aujourd'hui séparé, il assure à la langue de ce petit pays un magnifique avenir. Le reste de l'Amérique resta aux Espagnols.

Nous avons dit que ce fut en 1540 que l'Ordre des Jésuites fut créé en Espagne par Ignace de Loyola. Et ce fût en 1549 que les premiers Jésuites débarquèrent au Brésil.

Je n'ai aucune raison particulière d'être sympathique aux Jésuites ; je suis d'une vieille famille huguenote qui a été dispersée au moment de la révocation de l'Edit de Nantes, mais je ne manquerai jamais de rendre justice à quiconque, même aux Jésuites, et même au diable si on lui faisait tort.

Or il est incontestable qu'ils ont accompli une très grande œuvre, disons une œuvre héroïque, dans l'Amérique et particulièrement dans l'Amérique du Sud. Ils n'ont fait rien de moins que conserver la population indigène. Si 50 millions d'indigènes des races aztèque ou guarani existent aujourd'hui c'est, pour une bonne part, grâce à l'intervention de ces missionnaires catholiques. Tous pourtant n'étaient pas Jésuites ; Las Cases, le plus célèbre, était dominicain.

Ces hommes ont sillonné toute l'Amérique du Nord et du Sud. Ils ont jalonné ces forêts vierges, non pas seulement de leurs croix de bois mais de leurs cadavres. Ils ont fondé des myriades de stations, dont celles du

Paraguay, seules, sont entrées dans l'histoire mais dont cent autres sont restées anonymes (1). C'étaient des explorateurs vraiment prodigieux auprès desquels tous ceux qu'on vante aujourd'hui sont peu de chose. Pour aller d'une de leurs stations à une autre, un voyage de six mois, de huit mois, n'avait rien que d'ordinaire, et cela à travers des régions qui à l'heure actuelle encore sont en grande partie inexplorées — à ce point que l'on est présentement à la recherche de voyageurs anglais (Fawcett et son fils) qui, depuis trois ans, n'ont plus donné signe de vie (2).

Ce fut en 1588 que l'évêque de la Plata fit appel aux Jésuites. Ils vinrent, les uns du Pérou, les autres du Brésil. Il y avait des Italiens, des Espagnols, des Portugais, un Ecossais. On leur dit : il faut aller convertir les populations indigènes.

Toutes celles qui habitaient ces régions de l'Amérique du Sud étaient tout à fait sauvages, elles étaient même anthropophages. Les indigènes ne se mangeaient pas entre eux, mais ils mangeaient les ennemis tués à la guerre, ou ceux qu'ils avaient faits prisonniers.

C'étaient néanmoins, l'expérience l'a montré, des populations très douces, très dociles, et qui se laissèrent convertir et domestiquer très facilement.

Les Jésuites acceptèrent, mais à une condition qu'il est extrêmement important de noter : ces populations, dirent-ils, nous en prenons la responsabilité, mais à la condition qu'aucun colon blanc, même Espagnol, ne soit admis dans nos districts.

On a dit : c'était pour se réserver le monopole de l'exploitation des indigènes ! En réalité c'est parce qu'ils savaient que le colon est le pire ennemi de l'indigène.

____

(1) Dans les régions qui sont encore aujourd'hui presque inaccessibles, entre le Brésil et la Bolivie, les Jésuites avaient fondé de nombreuses missions, dont les noms subsistent encore, et le même régime qu'au Paraguay semble avoir existé, mais il n'en reste plus qu'une vague tradition.

(2) On vient d'apprendre qu'ils ont été massacrés en 1925 et la seconde mission, envoyée à leur recherche, a failli subir le même sort.

Et même aujourd'hui il n'y a pas une mission, qu'elle soit protestante ou catholique, à Madagascar, en Chine, en Indochine, qui, si elle le pouvait, ne posât la même condition. Mais aucun gouvernement n'acquiescerait à cette demande ; pourtant le gouvernement royal de Madrid l'accorda.

Les Jésuites posèrent une autre condition ; c'est que ces missions ne fussent pas intermittentes, comme celles qu'ils fondaient depuis cinquante ou soixante ans à travers l'Amérique du Sud et qui ne donnaient point de fruits, ou dont les fruits ne pouvaient mûrir. Ils demandèrent, pour ainsi dire, une concession à long terme.

Leur situation était à peu près comparable à celle des Compagnies concessionnaires modernes qui, en Afrique, demandent au gouvernement de leur concéder d'immenses espaces de terrains, avec les habitants qui sont dessus, et cela pour une longue période, concessions qui ont donné lieu, comme on sait, aux plus grands abus.

Les colonies espagnoles étaient réparties en territoires qu'on appelait des « réductions » ; elles étaient administrées sous une sorte de régime féodal où les colons espagnols jouaient le rôle de seigneurs et les indigènes celui de serfs.

On appelait ces territoires *encomiendas*, ce qui veut dire qu'ils étaient remis en commandite à des chefs qui devaient les protéger.

Il y avait deux catégories de réductions :

1° celle des indigènes qui avaient défendu à main armée leur indépendance ; ceux-là étaient considérés comme des serfs, ils devaient travailler toute l'année pour le colon espagnol.

2° celle des indigènes qui avaient accepté volontairement la domination espagnole ; on se contentait de leur demander un mois de travail gratuit par an au profit des colons. Le reste du temps, ils étaient libres.

Il va sans dire que les « encomiendas » de la première catégorie étaient beaucoup plus recherchées que les autres, puisqu'on pouvait faire travailler les indigènes toute l'année pour rien ! Les colons espagnols demandaient constamment au gouvernement qu'on leur donnât de préférence les réductions des indigènes qui avaient été conquis.

Toutefois, ce régime de tutelle — car c'était bien un régime de tutelle — ne devait durer que cinq ou six ans, après quoi les indigènes, pensait-on, étant arrivés à l'état de maturité intellectuelle, religieuse et économique, seraient sans doute arrivés à la vraie foi et retrouveraient alors leur indépendance.

Mais je dirai tout de suite, anticipant sur l'avenir, que, comme tous les provisoires, celui-ci devait se prolonger indéfiniment. Il en a été de même, en Algérie, pour notre régime de l'indigénat qui, devant être abrogé après cinq ans, a été prorogé je ne sais combien de fois jusqu'au 31 décembre dernier, où l'on a oublié que le terme était expiré, en sorte que par cet heureux oubli l'indigénat en Algérie s'est trouvé aboli automatiquement.

Le gouvernement donna donc les territoires d'Entre-Rios aux Jésuites comme en *fideicommis*.

Voici le texte du décret royal de 1608 qui donne des instructions au gouverneur d'Assomption, capitale de cette région :

« La volonté formelle du Roi est que les Indiens du Paraguay ne soient soumis que par l'épée de l'esprit et qu'il n'y ait d'autres personnes habitant dans les réductions que les missionnaires. Elle n'a aucun désir de priver les indigènes de leur liberté naturelle, mais bien de les libérer de leur mode de vie sauvage et dépravée, de leur faire connaître et adorer le vrai Dieu et d'assurer ainsi leur bonheur. »

Evidemment il ne faut pas prendre ce décret au pied de la lettre ; mais il montre pourtant qu'il y avait en haut lieu, dans le gouvernement métropolitain, des intentions bienveillantes pour les indigènes.

On a exagéré les cruautés de la colonisation espagnole. L'histoire n'a conservé que le récit des atrocités, qui en effet furent abominables, à l'exemple de celle de Pizarre qui prit par trahison le roi des Incas et le fit mettre à mort, ou celle de Cortès qui fit griller sur des charbons ardents l'empereur Guatimozin. Mais les atrocités sont les illustrations accoutumées de toutes les colonisations et ce ne sont pas elles qui entraînent la disparition des populations indigènes. Bien pires pour celles-ci sont les dépossessions de terres, le régime des corvées, l'importation de l'alcoolisme et de tous les vices des blancs. Or, les populations indigènes des possessions espagnoles n'ont pas eu trop à souffrir de cette lutte pour la vie, et la preuve c'est qu'elles ont subsisté et forment à ce jour le fond de la population de l'Amérique du Sud.

Si nous comparons l'Amérique du Sud à l'Amérique du Nord, nous sommes frappés par un double contraste entre ces deux pays. L'Amérique du Nord a été colonisée par les Anglais, par des protestants, des puritains, des quakers, par une race qui, par ses vertus religieuses, civiques, économiques, était très supérieure aux conquistadors espagnols.

Il n'y a qu'à constater la situation des Etats-Unis en regard de celle des vingt Etats de l'Amérique du Sud ou de l'Amérique Centrale pour constater la supériorité écrasante de l'Amérique du Nord, dans toutes les voies du progrès industriel et de la richesse.

Oui ; seulement dans l'Amérique du Nord tous les indigènes sont morts ! excepté quelques-uns qui sont conservés dans des réserves qu'on a installées exprès, comme celles qu'on a établies pour conserver les bisons ou les renards argentés, afin que la race n'en disparût pas tout à fait. Les autres Peaux Rouges ont disparu précisément parce qu'ils ont été mis en contact avec une civilisation supérieure. C'était la lutte du pot de terre contre le pot de fer.

Mais revenons à nos Jésuites.

Forts de cette autorisation, les Pères se mirent à l'œuvre tout de suite (Ils remontèrent, eux aussi, l'interminable rivière jusqu'à Assomption. De là ils s'engagèrent dans les forêts vierges, parmi ces populations qu'on désignait sous le nom de Guaranis, dénomination qui s'est appliquée ensuite à une grande partie de la population indigène de l'Amérique du Sud et qui subsiste encore aujourd'hui.)

Ce fut en 1602 que les Jésuites fondèrent la première colonie, celle de Lorette. Elle réussit très bien. Les indigènes se convertirent avec la plus grande facilité ; ils ne firent pas d'objections. Cela réussit si bien que deux ans après une autre colonie était fondée, en l'honneur du grand patron de l'ordre, la colonie de Saint-Ignace.

On donnait à ces colonies le nom administratif espagnol « réductions ». Nous dirions aujourd'hui simplement des stations missionnaires.

Sans entreprendre une à une l'histoire de ces fondations, je me bornerai à dire qu'au bout de quelque temps ils avaient fondé 31 stations. La plus importante comptait 8.000 habitants, donc une petite ville ; mais la moyenne était de 3.000 habitants.

Le tout réuni, malgré l'imensité du territoire, ne faisait pas une grande population. Il ne faut pas se représenter la République des Jésuites comme un vaste empire ; le chiffre total ne paraît pas avoir jamais dépassé 150.000 habitants, disséminés sur un territoire aussi vaste que la France.

L'œuvre était donc lancée. Elle va se dérouler pendant une période de plus d'un siècle et demi. Pour mettre un peu d'ordre dans cette histoire qui, si nous la suivions chronologiquement, serait très monotone, nous allons l'exposer sous trois aspects différents :

la vie politique, c'est-à-dire le gouvernement ;

la vie économique ;

la vie sociale et morale.

§ 2. — L'Organisation.

Nous n'avons pas de documents de première main sur les Républiques des Jésuites ; ils n'ont pas écrit leurs mémoires et quant aux documents et papiers qu'ils possédaient et qui auraient été d'un grand prix, ils ont été stupidement détruits comme nous le verrons plus loin.

Mais beaucoup de livres ont été publiés, surtout au xviii° siècle. L'auteur le plus connu, auquel je dois la plupart des renseignements que je donnerai, c'est le Père Charlevoix, un Jésuite aussi (1), qui a écrit cette histoire en français ; je signale également le livre d'un Italien, Muratori (2), qui a été traduit en français, et un assez grand nombre de livres écrits en latin.

Ces prétendues Républiques eurent un gros succès d'estime. Bon nombre de nos grands hommes du xviii° siècle, Montesquieu, Voltaire lui-même, qui n'avait pourtant pas un faible pour les Jésuites, admiraient beaucoup cette œuvre.

Pourquoi ? Parce que le xviii° siècle a été le siècle du « bon sauvage », comme on a dit, c'est-à-dire le siècle dans lequel on a cru que l'homme était naturellement bon et que, si on pouvait le dégager de la croûte de la civilisation, on le retrouverait tel que la nature l'avait fait, sans vices.

Ce n'est pas seulement J.-J. Rousseau qui a célébré l'homme de la nature ; les Physiocrates eux-mêmes, les fondateurs de la science économique, disaient que la seule chose à faire c'était de revenir à ce qu'ils appelaient l'Ordre Naturel. Eh bien, la République des Jésuites apparaissait comme un retour à l'Ordre Naturel, comme un modèle aux hommes civilisés.

---

(1) *Histoire du Paraguay*, 1756. Voir aussi Southey, *History of Brazil*, trois gros volumes.

(2) Muratori, *Il Christianesimo felice nelle Missioni di Padri della Compagnia di Gesù nel Paraguay*, traduit en français, 1754.

En réalité, comme nous le verrons tout à l'heure, ce n'était pas du tout l'état de nature que les réductions des Jésuites du Paraguay.

Et d'abord, était-ce des républiques ? En un sens, oui : en ce sens qu'elles avaient l'autonomie, cette autonomie que tous les indigènes de nos colonies, les jeunes Tunisiens, les jeunes Annamites, les jeunes Malgaches, réclament aujourd'hui à cor et à cris. Elles étaient, il est vrai, sous l'autorité souveraine, mais lointaine, du gouvernement de Madrid, et aussi sous l'autorité plus proche du gouverneur de la province, mais qui ne s'en occupait guère.

Elles nommaient elles-mêmes leurs chefs. Il y avait une dizaine de fonctionnaires ; l'organisation était calquée sur celle des municipalités espagnoles. Il y avait le représentant du pouvoir exécutif, qui était le *corregidor* ; il y avait deux maires, qui étaient les *alcades* ; il y avait quatre *regidors*, qui étaient les conseillers municipaux ; il y avait le préposé à la police, qui était l'*alguazil* ; il y avait le *procurador* qui était le ministère public. A l'exception du corregidor, je crois, qui était nommé par le gouverneur de la province, tous étaient élus.

Je ferai remarquer à ceux qui sont épris de l'Ordre Naturel que cette institution démocratique de l'élection n'était pas précisément l'état de nature, car, naturellement, les populations des Guaranis ne pratiquaient pas le système électoral ; elles étaient gouvernées, comme toutes les tribus sauvages, par des chefs désignés par la naissance, par des « caciques », dont le nom est entré dans la langue espagnole. Mais les Jésuites ne leur avaient laissé que certains attributs décoratifs et l'exemption d'impôts.

Mais ce gouvernement démocratique ce n'est que l'apparence ; en réalité, c'était un gouvernement théocratique. Dans chaque réduction il y avait deux Pères Jésuites, l'un jeune et l'autre vieux ; le vieux, qui était le Père proprement dit, qu'on appelait le recteur et aussi le curé ; le jeune qui était le vicaire ou stagiaire. Il était là pour apprendre la langue, comme un coadjuteur destiné à remplacer son aîné quand celui-ci cesserait sa tâche ; il apprenait la langue indigène, il était le missionnaire itinérant. Ils étaient tous les deux inséparables.

Pourtant il faut dire que les Jésuites ont toujours protesté contre cette imputation d'exercer un véritable gouvernement. Ils ont dit qu'ils n'avaient pas plus d'autorité que n'en ont en Espagne les curés.

Oui, mais les curés avaient alors beaucoup d'autorité, surtout en Espagne ! Cette autorité était encore plus grande dans les stations missionnaires. Il est naturel que des indigènes convertis voient dans le missionnaire, catholique ou protestant, leur chef, non seulement spirituel mais temporel.

D'ailleurs, cette modestie des Pères Jésuites, disant qu'ils ne participaient pas au gouvernement, était démentie par bien des faits.

Ils avaient d'abord une espèce de droit de veto sur les élections ; s'ils trouvaient qu'un magistrat ou un fonctionnaire n'était pas digne des fonctions que les électeurs lui avaient conférées, ils invitaient ces électeurs à en nommer un autre, et cette invitation était un ordre.

En outre, tous les matins le corregidor venait faire un rapport au Père recteur, lui dire ce qui se passait dans le village ; et il est évident que ceci impliquait une autorité de police et non pas purement spirituelle.

Cependant ces indigènes, si l'on compare leur sort à celui des indigènes des autres colonies espagnoles et même de nos colonies modernes, n'étaient pas à plaindre. Ils étaient fort bien traités. Ils ne payaient qu'un impôt insignifiant de 8 réaux, le réal espagnol valant à peu près le quart du franc (franc-or) ; il est vrai que ces comparaisons monétaires, aujourd'hui, n'ont plus de signification, parce que le réal d'un côté, le franc de l'autre, ont mené une telle sarabande qu'aucune comparaison n'est plus possible.

En tout cas, l'impôt n'était que le 1/5 de ce que payaient les autres indigènes en dehors des réductions, et il n'était dû que par les hommes entre 22 et 50 ans.

En réalité, ce modeste impôt ne payait pas les frais du gouvernement espagnol ; il s'en faut de beaucoup. Car le gouvernement faisait un traitement aux Pères Jésuites ; il donnait 600 pesos (3.000 francs-argent) pour les deux Pères ; et en outre il fournissait ce qui était nécessaire à l'église pour les sacrements : l'huile, le vin, la cire des cierges, l'or et l'argent pour les vases sacrés, et tout cela était fort cher dans ces pays.

Les indigènes étaient aussi très favorisés comme service militaire. Il n'y avait pas de conscription ; il était seulement entendu que lorsque le roi d'Espagne aurait besoin d'eux et les appellerait à son aide, les Guaranis enverraient à leurs frais un certain corps de troupe ; c'était un peu ce que font les grands chefs du Maroc qui envoient des goums quand la France le demande.

Il y avait bien un semblant d'exercice militaire une fois par semaine, mais qui était plutôt un divertissement pour la population.

Pendant un siècle et demi de leur histoire, les indigènes n'ont eu à porter les armes que dans trois ou quatre occasions que j'indiquerai plus loin.

Au point de vue économique, quelle était leur situation ? Etait-ce le communisme, imité des congrégations monastiques, régime qui eût semblé assez naturel sous un gouvernement dont les membres appartenaient à un ordre religieux ?

Non. Les populations des réductions ne vivaient pas à l'état de communauté. Chaque famille avait sa maison, chaque famille recevait un champ qui était d'une étendue suffisante pour la nourriture du ménage, et elle le travaillait elle-même. C'était plutôt une communauté coopérative. Car la coopération se distingue du communisme en ce que chacun a sa part du revenu.

Mais quant à la terre, le régime coopératif n'implique pas nécessairement la propriété individuelle. Elle n'existait pas dans les colonies du Paraguay. Les terres et les maisons n'étaient concédées qu'en jouissance ; elles étaient concédées gratuitement, mais les possesseurs n'avaient droit à la terre qu'autant qu'ils la cultivaient réellement, ou, pour la maison, autant qu'ils l'habitaient.

En dehors de ces terres partagées ainsi entre les individus par des lotissements, il y avait de grands espaces de terre qui, ceux-là, étaient réservés pour la communauté. Ces réserves avaient pour destination de servir aux besoins des indigents, des veuves, des vieillards, des orphelins, de ceux qui pour une raison quelconque, ne pouvaient pas travailler.

Ce fut une accusation courante, toutes les fois qu'on eut à parler de ces colonies, de dire que les Jésuites accaparaient non seulement les produits des terres communes, mais même le produit du travail des habitants sur leurs propres terres.

Aucun fait ne justifie cette accusation. Non seulement on ne connaît pas un seul Jésuite qui se soit enrichi personnellement, mais on n'a jamais signalé dans aucune de ces missions d'autres richesses que celles qui servaient à orner les églises.

Même les produits des terres communes n'allaient pas, comme on aurait pu le penser et, comme c'eût été dans une certaine mesure légitime, aux frais du culte. Les frais du culte étaient payés par le gouvernement de Madrid, sous forme de traitement des missionnaires et d'entretien des édifices du culte ; et quand les Pères Jésuites désiraient quelque chose de plus pour leur église, ils allaient simplement l'acheter au magasin de la communauté.

Et le travail, comment était-il organisé ?

Chaque famille cultivait sa portion de terre. Les terres étaient généralement cultivées en maïs, qui était la grande nourriture de la population et qui l'est encore aujourd'hui. On cultivait aussi le coton, qui était le seul textile. Ainsi les cultures étaient réparties rationnellement, les unes pour la nourriture, les autres pour les vêtements. Il est évident, quoique je n'aie pu trouver aucun document positif à cet égard, que la population devait donner une partie de son temps, un certain nombre de jours, de semaines ou de mois, pour cultiver ces terres communes qu'on appelait « les possessions de Dieu ».

Ce n'étaient pas des corvées, mais il faut plutôt y voir une forme de solidarité sociale, disons même d'assistance, bien légitime puisqu'il n'y avait pas d'autre impôt à payer, en dehors de l'impôt insignifiant dû à la métropole. Au lieu de percevoir, comme chez nous, des impôts en argent pour entretenir les invalides, chacun fournissait du travail en nature. Il est à croire que ces terres communes étaient cultivées, en partie du moins, par le travail des enfants, ainsi que nous le verrons plus loin.

Tous ces villages étaient bâtis sur le même plan : au milieu une place carrée, avec les maisons sur trois faces et, sur la quatrième face, l'église et le magasin public.

Je dis le magasin public, car dans ces colonies il n'y avait pas de commerce, — et c'était là un fait particulièrement intéressant, — ni à l'intérieur, ni avec l'extérieur.

On voulait écarter tout ce qui pouvait faire naître le désir du profit, tout ce qui pouvait créer la richesse. Les Pères Jésuites avaient réalisé dans leurs réductions le geste de Jésus chassant les marchands du temple.

Il n'y avait donc point de magasins privés dans les réductions, mais il y avait un magasin public appartenant à la communauté ; c'est là qu'on recueillait les produits des champs communs, des possessions de

Dieu, et qu'on les vendait à ceux qui en avaient besoin.

Je ferai remarquer que c'est à peu près le même système qui a été réalisé par le gouvernement soviétique, au lendemain de la Révolution de 1917, quand tous les magasins privés furent fermés et le commerce interdit, et qu'il ne resta plus que les magasins de l'Etat.

C'était la même situation. Seulement, vous savez que le gouvernement soviétique est revenu quatre ans après sur cette règle et que, par la loi dite de la Nep (les trois lettres initiales de Nouvelle Economie Politique), il a fait renaître le commerce privé. Dans les colonies des Jésuites ce régime a duré jusqu'à leur fin.

Il n'y avait pas non plus de commerce extérieur, ou du moins il était réduit au strict nécessaire et réglementé de la façon la plus sévère.

Il faut remarquer qu'il n'était guère nécessaire d'y recourir, car les réductions produisaient la presque totalité de ce qu'elles consommaient et elles consommaient à peu près tout ce qu'elles produisaient ; et il n'y avait guère d'excédent à exporter, car on ne travaillait pas beaucoup. Quand il avait produit ce qui était nécessaire pour sa subsistance et celle de sa famille, l'indigène se reposait.

Cependant, comme ces réductions ne pouvaient pas vivre dans une île de Robinson, sans aucun contact avec le monde extérieur, une fois par an on envoyait à Buenos-Aires ou à la ville la plus voisine, Santa-Fé, sur le Parana, une délégation pour emporter les quelques marchandises que l'on avait en trop, et pour rapporter celles qui manquaient.

Mais cette délégation n'était pas composée de professionnels, ce n'étaient pas des commerçants ; c'étaient des habitants des réductions que l'on désignait pour cette mission, car c'était une vraie mission.

Ils partaient au nombre d'une vingtaine. Le voyage était long ; il fallait plusieurs mois pour aller et revenir. Mais pendant l'absence des délégués les camarades cultivaient leurs champs afin de pourvoir à la subsistance de leur famille.

La caravane emportait peu de chose ; le principal produit d'exportation était la fameuse herbe du Paraguay, le maté, qui aujourd'hui encore, est la boisson nationale de toute l'Amérique du Sud. Déjà à cette époque le maté était très recherché et même payé bien plus cher qu'aujourd'hui parce qu'on ne le trouvait qu'à l'état sauvage. Quoiqu'on l'appelle l'Herbe du Paraguay, ce n'est pas une herbe ; ce sont des feuilles cueillies sur un arbre qui est à peu près de la taille de l'oranger. On lui a attribué de tout temps des vertus particulières, mais il faut, pour le boire, lui faire subir une préparation spéciale et quand on n'est pas familier avec cette boisson on ne l'apprécie guère. En tout cas, on limitait à un certain poids les quantités de maté que la caravane était autorisée à emporter, parce qu'on ne voulait pas que ce commerce devînt une source de fortune pour les cultivateurs.

La caravane emportait aussi un peu de tabac, des toiles de coton, des peaux d'animaux, du cuir, et c'était à peu près tout.

Les délégués, arrivés au terme de leur voyage, vendaient ces marchandises et ils en employaient le prix tout d'abord à payer l'impôt pour la métropole, parce qu'ils n'avaient pas chez eux de monnaie pour le payer ; puis, avec le reste, ils achetaient les quelques objets dont ils avaient besoin.

Ce n'était pas grand'chose : d'abord quelques ornements d'église, puis, principalement, des objets en métal, tels qu'instruments de musique ou instruments de travail, parce que les réductions n'avaient point de mines et devaient faire venir d'Europe tous les objets en métal. Cela revenait extrêmement cher.

Les missions n'avaient-elles point d'industries en dehors de ce commerce très limité ? Elles avaient des industries domestiques. Les femmes étaient employées à filer et tisser le coton pour faire les vêtements de la population. Un assez grand nombre d'hommes étaient employés à construire les églises et à les entretenir. Il ne faut pas dire que c'était négligeable ; il faut penser à ce qu'a pu ocuper d'artisans et d'artistes une cathédrale du moyen âge, sculpteurs, maçons, charpentiers, vitriers, peintres, ferronniers ! Assurément, les églises des Jésuites du Paraguay n'étaient pas à comparer à nos cathédrales gothiques ; elles suffisaient cependant pour alimenter toute une industrie locale et qui ne laissait pas que d'avoir un certain caractère. Ils arrivaient à avoir des églises sinon très belles — le style dit jésuite est bien connu dans l'architecture des églises — du moins très richement décorées, et dans lesquelles survit encore aujourd'hui la gloire des missions. Mais c'était là une industrie qui ne rapportait aucun bénéfice, et c'est précisément ce qu'on voulait.

Nous avons dit qu'il n'y avait point de monnaie. A quoi bon ? Qu'est-ce qu'on en aurait fait, puisqu'il n'y avait rien à acheter ni rien à vendre ?

Nous aurons l'occasion de voir plus loin qu'il y a aujourd'hui en Palestine des colonies, les colonies sionistes, dans lesquelles ce système se retrouve : il n'y a pas de monnaie. Quand il se trouve un excédent dans les produits de la colonie, on le porte dans une ville où on l'échange contre les produits qui manquent.

Quelle était la vie sociale et morale de ces communautés ? C'est ici que le caractère théocratique dont je parlais tout à l'heure se manifeste par des traits assez pittoresques.

D'abord l'éducation. J'ai dit qu'il n'y avait pas communisme de vie, mais pour les enfants l'éducation se faisait en commun. L'école unique et obligatoire existait donc déjà, mais non la coéducation : il y avait des écoles séparées pour les deux sexes.

De grand matin la cloche sonnait : les enfants se levaient, se rendaient d'abord à l'église, entendaient le catéchisme, puis la messe ; après quoi on les faisait déjeuner en commun. Ils étaient ensuite conduits au travail, dans les champs, les garçons d'un côté, les filles de l'autre. Ils marchaient en procession, avec musique ou cantiques, en portant la statue de San Isidro, qui est en Espagne le patron des laboureurs : la statue était installée dans le champ où les enfants devaient travailler et était posée sur un socle pour qu'elle pût inspirer et sanctifier le travail du jour.

Ceci me rappelle Fourier, — il était pourtant bien ennemi des Jésuites ! — Fourier, qui lui aussi voyait le travail se faire par bandes groupées sous les bannières et accomplissant leur tâche en chantant, avec autant d'enthousiasme que l'on va aujourd'hui à une fête.

Probablement le travail des enfants était surtout utilisé sur les terres communes, sur « les possessions de Dieu ». Les filles s'occupaient spécialement, dans les champs de coton, à chasser les oiseaux qui venaient manger la semence. Les garçons avaient pour tâche d'entretenir les routes.

Quand le travail était fini on ramenait les enfants à l'église, ils disaient le rosaire, on les faisait dîner en commun, et puis ils rentraient dans leurs familles.

Peut-être me demanderez-vous : mais quand donc allaient-ils à l'école ? Ils n'y allaient pas beaucoup ! Il n'y avait guère que les enfants des caciques, ceux qui étaient destinés à devenir un jour les fonctionnaires.

Nous avons dit, il est vrai, que ces fonctionnaires étaient désignés par l'élection. Mais c'est précisément ce qui prouve que ces élections étaient de pure forme. En réalité c'étaient les fils des anciens chefs de l'aristocratie qui étaient destinés et préparés à cet honneur ; et c'est à eux que l'école était réservée, du moins à certains jours. On ne leur apprenait pas l'espagnol, c'était tout à fait inutile puisque la colonie était fermée à tout Espagnol. Et d'ailleurs, encore aujourd'hui, dans tout le pays, c'est le guarani qui est la langue populaire.

Les Pères Jésuites avaient fait des grammaires guarani, ce qui n'avait pas été un petit travail, pour enseigner à lire et à écrire.

Dès la sortie de l'enfance on entrait dans les congrégations : les hommes, dans celle de Saint-Michel l'Archange, de 12 à 30 ans ; les jeunes filles, dans celle de la Reine des Anges. Et il y avait, au-dessus, la congrégation de la Mère de Dieu, dans laquelle ne pouvaient entrer que les sélectionnés, ceux qui prenaient en quelque sorte leur doctorat en piété. Car on leur délivrait un diplôme qui était extrêmement prisé et considéré comme une haute distinction dans la population.

Nonobstant toute cette discipline, ces populations ne menaient pas une vie aussi triste qu'on pourrait le croire. Les réductions n'avaient pas du tout l'aspect d'un couvent. Les Pères Jésuites savaient très bien réserver le temps qu'il fallait pour les divertissements. Il y avait tous les ans la grande fête du Saint qui était le patron de la réduction ; il y avait presque tous les dimanches des représentations théâtrales. On jouait des drames dans le genre des mystères du Moyen-Age : tels que les Rois mages, la Nativité, la guerre entre les chrétiens et les Maures, ce qui était un glorieux souvenir de l'Espagne, la lutte de l'Archange Michel et du Dragon, etc.

Une part énorme était donnée à la musique. Les historiens nous disent que, dans ces réductions, on n'entendait que chanter des cantiques ; mais il y avait aussi des concerts avec tous les instruments possibles : de bois, de cuivre ou à cordes. Il paraît que ces indigènes avaient des aptitudes tout à fait spéciales pour la musique et pour le chant. On les entraînait, on choisissait les meilleurs pour en faire des choristes.

Et on y dansait aussi ! Les Pères, qui leur enseignaient la musique ne s'étaient pas faits pourtant maîtres de danse, mais un professionnel, le seul Espagnol admis par privilège, leur avait enseigné, nous est-il dit, 70 danses.

Naturellement, les mœurs étaient l'objet de la surveillance la plus assidue. Il y avait des inspecteurs indigènes de jour et des inspecteurs de nuit, trois rondes chaque nuit, pour s'assurer que la nuit on ne fréquentait pas d'une maison à l'autre. Les uns avaient une marque distinctive, d'autres n'avaient pas d'uniforme, afin qu'on ne put pas les remarquer et que leur surveillance fut plus efficace, exactement comme dans la police actuelle.

Il n'y avait point de crimes, point d'homicides, point de délits à proprement parler ; il y avait seulement des « péchés », de temps en temps. Quand quelque délit contre les mœurs ou contre la religion était constaté, le coupable était puni, mais la punition n'était pas bien terrible : c'était la confession publique après laquelle le coupable recevait le fouet.

Mais il ne faudrait pas croire que les indigènes eussent l'idée de se révolter contre ces punitions ; on nous dit au contraire, qu'ils les recherchaient, qu'ils s'accusaient eux-mêmes de péchés et de fautes souvent imaginaires, rien que pour avoir la satisfaction de faire une confession publique et de recevoir les étrivières ; et quand ils les avaient reçues, le fustigé baisait la main qui l'avait frappé :

« Dieu te récompense, disait-il, de m'avoir soustrait, par cette punition légère, aux peines éternelles que j'avais méritées. »

Il y avait même une telle manie de se confesser publiquement qu'on n'accordait pas cette pénitence à tout le monde ; et notamment quand il s'agissait des femmes, on leur interdisait la confession publique.

Et maintenant, quelle appréciation faut-il donner de ce système d'évangélisation ou de domestication, car ici les deux mots sont presque synonymes. Le principe qui l'inspirait était, d'un certain côté, assez noble. Les Jésuites avaient une très haute idée de leur mission. C'est Renan qui a dit : « Je ne vois pas pourquoi un Papou aurait une âme immortelle. » Eh bien ! ils n'ont pas dit cela ! Ils étaient convaincus que ces Guaranis avaient une âme, et une âme rachetée à un prix infini, puisqu'elle l'avait été au prix du sang de Jésus-Christ. Ils étaient donc tout disposés à leur accorder ce que les colons laïques n'ont jamais accordé à aucune population indigène : l'égalité des droits avec les colons, avec les blancs.

Mais en même temps, ils n'ont cessé de les considérer comme des enfants qu'il fallait conduire, surveiller et surtout préserver de toute tentation — c'était là tout le souci des Pères Jésuites : — d'abord de la tentation des sens, en obligeant les indigènes à se marier dès la nubilité, les jeunes filles à 15 ans, les jeunes gens à 17 ans ; puis de la tentation du profit et du lucre, en supprimant le commerce. C'est à la prière « Père ! ne nous induis point en tentation » que tout leur régime social devait répondre.

Mais, d'autre part, leur système d'éducation se trouve condamné par eux-mêmes puisqu'au cours des 165 années qu'il a duré il n'a pas réussi à faire de ces enfants des hommes. Jamais ils n'ont jugé que l'heure de l'émancipation fût venue. Je sais bien que c'est le cas de toutes les tutelles, que ce soit celle des colons sur les indigènes ou celle des gouvernements sur les pays qu'ils appellent les pays « à mandat ». Mais là la perpétuation de cette tutelle peut, sinon se justifier, du moins s'expliquer par l'intérêt qu'ont les colons à conserver leurs privilèges ou les gouvernements à maintenir leur domination, tandis que les Jésuites du Paraguay auraient été heureux, je crois, de pouvoir dire que leur mission était achevée. Ils ne l'ont pas pu. Un de leurs historiens, Southey, fait cette remarque très juste qu'avec cette éducation ultra-catholique, les Pères Jésuites n'ont pas pu former un seul indigène qu'ils aient jugé digne d'être admis au rang de père Jésuite.

Dans son *Génie du Christianisme*, en parlant de ces missions, Chateaubriand dit magnifiquement : « Les missionnaires avaient mis à part, ainsi que le conseille

Platon, ceux qui annonçaient du génie afin de les initier dans les sciences et dans les arts. C'était de cette troupe excellente que devaient sortir un jour les prêtres, les magistrats, les héros de la patrie... » Fort bien, mais il n'en sortit point ! Aucun que je sache, n'a dépassé la dignité de sacristain.

Et pourtant ils manquaient de personnel, ces Jésuites, et étaient obligés, pour se recruter, de faire venir des novices de loin et à grand-peine.

Les Jésuites considéraient donc les indigènes comme des mineurs à perpétuité. Ils fondaient cette opinion sur divers faits, notamment sur leur imprévoyance. Ils disaient que si on leur avait laissé en toute propriété les bœufs destinés au travail des champs, ils les auraient tués pour les manger, et que même ils le faisaient quelquefois.

Mais les Pères Jésuites ne semblent pas avoir eu des connaissances économiques bien solides, car tout au contraire si les indigènes avaient eu ces bœufs à eux, comme nos paysans de France, je suis bien sûr qu'ils ne les auraient pas tués pour les manger. S'ils les tuaient, c'est précisément parce qu'ils savaient qu'ils appartenaient à la communauté.

Toutefois, il nous paraît injuste de dire, comme on le fait généralement, que ces indigènes étaient absolument dégradés. Il semble au contraire qu'ils aient conservé pendant longtemps une certaine dignité. Nous en avons la preuve dans les commentaires des colons espagnols qui, quand ils venaient dans les réductions — ce qui était rare, puisque, comme nous l'avons vu, l'accès de ces territoires leur était interdit — se plaignaient de l'insolence des indigènes et de leur morgue. Cela prouve bien que ces indigènes avaient conservé un certain sentiment de fierté, qu'ils devaient probablement à ce fait de n'avoir pas vécu au contact des blancs.

Leurs conditions de vie, leur *standard of life*, n'étaient pas mauvaises, car en dehors des produits qu'ils cultivaient eux-mêmes, le maïs pour se nourrir, le coton pour se vêtir, ils trouvaient dans les magasins de la communauté toutes les choses qui leur étaient nécessaires ; c'était une nourriture très simple, évidemment, mais qu'ils pouvaient agrémenter par la chasse et la pêche, dans des régions encore à l'état de nature et où le poisson et le gibier ne manquaient pas.

Il n'y a que le logement qui paraît avoir été réduit à une simplicité vraiment excessive, et pourtant la crise actuelle du logement ne devait pas exister pour eux ! Chaque ménage n'avait qu'une petite maison, on pourrait dire une hutte, avec une seule pièce de 24 pieds carrés ; c'était vraiment peu de chose. Il faut dire que c'est un pays où l'on vit dehors et où la maison n'est qu'un abri pour la nuit.

Toutes les conditions d'une vie salubre se trouvaient donc réunies : pas de soucis d'argent, pas de misère, donc rien de ces deux maux qui, dans les pays civilisés, rongent, celui-ci les pauvres, celui-là les riches.

Il semble donc, si les enseignements de la science démographique sont fondés, que cette population aurait dû augmenter rapidement au cours de cette paisible histoire de plus d'un siècle et demi.

Et cependant, non seulement la population n'a pas augmenté mais elle a diminué. Au début, c'est-à-dire après la fondation des 31 missions, chacune avait une moyenne de 3.000 habitants à peu près, ce qui faisait un total de 100.000 habitants. Puis la population s'est peu à peu élevée jusqu'au chiffre de 144.000 ; mais ensuite elle est retombée au chiffre primitif d'une centaine de mille.

C'est bien surprenant, quand on pense à l'accroissement de population qui s'est manifesté dans d'autres circonstances. Par exemple, la Bible dit que les fils de Jacob qui étaient entrés en Egypte au nombre de 70 en sortirent, au bout de 430 ans, au nombre de 630.000 hommes en âge de porter les armes, ce qui représente une population de 2.500.000 personnes. Je fais des réserves sur ce dénombrement, car on se demande comment 2.500.000 personnes auraient pu passer 40 ans dans les terribles déserts du Sinaï avant d'arriver à la Terre Promise et y vivre ainsi, même avec les miracles de la manne ou des cailles. Mais, même en rabattant beaucoup de ces chiffres, il semble évident que toute population qui se trouve à l'abri du besoin, et sans souci du lendemain, doit augmenter rapidement.

Remarquez qu'une des grosses objections que les économistes ont toujours faites aux communistes c'est que ce système communiste, à raison du fait que les parents n'auraient plus le souci ni la responsabilité de leurs enfants, qu'ils n'auraient plus à les nourrir, supprimerait toute restriction à la natalité et aboutirait à une surpopulation qui amènerait fatalement la ruine de la société communiste. Cette prévision semble assez bien fondée.

Or, nous sommes ici précisément dans ce cas d'une société sinon communiste au sens propre de ce mot, du moins telle que ses membres n'avaient aucun besoin de penser à leur avenir ni à l'entretien de leurs enfants, puisque ceux-ci seraient nourris aux frais de la communauté.

Mieux encore ! Toutes les causes qui, dans nos pays civilisés, déterminent la restriction de la natalité, étaient ici inexistantes. Les mariages se faisaient dès la puberté, les pratiques anti-conceptionnelles étaient certainement ignorées : d'abord, parce que, à cet âge précoce, les jeunes ménages ne sont pas très disposés à ces restrictions qui sont plutôt celles de l'âge mûr ; puis aussi parce que les Pères Jésuites ne les auraient pas permises. Ces hommes et ces femmes qui passaient leur temps à se confesser et dont on a dit que la confession d'un seul était plus longue que celle de dix Espagnols, auraient été considérés comme en état de péché mortel s'ils avaient ainsi prostitué le devoir conjugal.

Comment donc se fait-il que cette population soit restée stationnaire et ait plutôt diminué ? Quel est le frein qui a arrêté son essor naturel ? Etait-ce la mortalité et faut-il croire que, s'il en naissait beaucoup, il en mourrait plus encore ?

Mais comment expliquer alors cette mortalité, puisqu'ils étaient bien nourris, et ce qui est mieux encore, sobrement nourris et exempts de toute intempérance aussi bien alcoolique que sexuelle ?

Dira-t-on que c'est parce qu'ils n'avaient pas de médecins ? Il y a des sceptiques qui pourraient croire que c'était au contraire une condition favorable pour eux. D'ailleurs, ce n'était pas tout à fait le cas, car les Pères Jésuites, quoiqu'ils ne fussent pas des médecins diplômés, possédaient une expérience qui valait la science de beaucoup de professionnels. Ayant passé toute leur vie sur les lieux, ils connaissaient toutes les plantes du pays et leurs vertus. Vous savez que c'est aux Jésuites qu'on doit la quinine qu'on a appelé autrefois l'herbe des Jésuites, ce qui n'est pas une petite découverte ; sans doute connaissaient-ils aussi les vertus de tant d'autres plantes qu'on appelle de ce nom charmant « les simples » et qu'on dédaigne peut-être trop aujourd'hui.

Il y a donc dans cette mortalité prématurée ou dans cette natalité déficitaire — nous n'avons pas de document qui nous permette de savoir lequel de ces deux facteurs il faut inculper — quelque chose de mystérieux. Il semble qu'ils mouraient d'une maladie de langueur, comme ces animaux dans les jardins d'acclimatation qui ne supportent pas la domestication et, sans maladie proprement dite, s'éteignent comme une lampe qui n'a plus d'huile. Il y avait chez ce peuple si doux, si soumis, comme un détachement de la vie. Ils se laissaient mourir, et voilà tout.

Ce qui semble confirmer cette interprétation c'est le manque de résistance à la maladie ; quand il survenait une épidémie, elle faisait des ravages effroyables. C'est ainsi qu'en 1732 il y eut une épidémie de petite vérole qui fit tomber la population de 144.000 à 100.000 habitants ; emportant ainsi près du tiers des habitants. Et voici comment s'exprime le Père Charlevoix dans son histoire des missions :

« Suivant qu'on en pouvait juger, ils mouraient tous dans l'innocence de leur baptême. Quelques soins qu'on prit pour les conserver, il ne fut pas possible d'en sauver aucun. Enfin, les missionnaires se virent réduits à louer la miséricorde du Seigneur et à se consoler par le témoignage qu'ils pouvaient se rendre d'avoir fait tout leur possible pour rendre cette malheureuse nation participante aux bienfaits de la rédemption. »

Et plus loin, il dit en un élan d'extase émouvant :

« En voyant la terre dépeuplée, ils se consolaient en pensant que le ciel s'enrichissait de ses pertes. »

Au reste, pourquoi rendre les Pères Jésuites responsables de ce manque « d'élan vital » ? Il en a été de même pour toutes les populations indigènes, aussi bien celles de l'Amérique du Nord, de l'Australie, de la Nouvelle-Zélande, des îles du Pacifique. Et bien au contraire, en ce qui concerne les Guaranis, si cette nation n'avait qu'une faible vitalité, elle n'a pourtant pas disparu puisqu'à l'heure actuelle elle est encore vivante.

§ 3. — La Fin.

Voilà donc quelle était la vie de ces missions, qui s'est continuée sans changement pendant un siècle et demi.

Et maintenant, achevons cette histoire, car je pense que vous êtes curieux de savoir quel en a été le dénouement. Au reste, même au point de vue social, il importe de savoir si cette République communiste a fini par suite des vices du régime, ou si elle a fini de mort violente. Comme nous allons le voir, c'est le second cas qui s'est réalisé.

Ces Républiques des Jésuites avaient beaucoup d'ennemis.

Elles ont eu d'abord pour ennemis les Portugais, ou

plutôt les Brésiliens, puisque déjà les territoires de l'Amérique du Sud, occupés par les conquérants portugais, étaient devenus ce qui est aujourd'hui le Brésil. Déjà la ville de Sao Paulo avait été fondée.

Cette ville, aujourd'hui devenue la capitale mondiale du café, était en ce moment-là un repaire de brigands qu'on appelait les Paulistes. C'étaient des marchands d'esclaves ; tandis que les Portugais d'Europe se faisaient traitants d'esclaves sur les côtes d'Afrique, ces colons portugais cherchaient des esclaves dans les populations indigènes de l'Amérique du Sud.

Quand ils entendirent parler des Républiques des Jésuites, ils virent là une sorte de réserve de gibier toute préparée pour leurs expéditions. D'autant plus qu'au fur et à mesure que s'étendait la colonisation des Jésuites, elle s'approchait davantage de Saint-Paul. Si vous regardez une carte de l'Amérique du Sud vous verrez que plus on remonte le cours du Parana, plus on se rapproche de Saint-Paul.

Les Paulistes firent une première expédition en 1629, par conséquent pas très longtemps après le commencement de l'établissement des Jésuites, expédition qui fut à leur point de vue tout à fait fructueuse.

Ils saccagèrent toutes les réductions qui étaient le plus près d'eux, dans la partie Nord, de même que les traitants arabes ont fait des villages indigènes en Afrique. Ils en massacrèrent un grand nombre et ramenèrent un troupeau de 1.500 indigènes à Saint-Paul. Ce long voyage, qui dura près de neuf mois, se fit dans des conditions abominables, de même que ceux des trafiquants d'Afrique avant que la traite des noirs fût interdite : les captifs étaient tous attachés les uns aux autres, hommes, femmes et enfants ; et s'ils n'avaient pas comme en Afrique à souffrir de la soif et de la chaleur, la traversée à travers les forêts vierges de l'Amérique du Sud n'en était pas moins meurtrière. La route fut semée des cadavres des malheureux qui n'avaient pu suivre.

Et les Pères, que firent-ils ? Ils n'étaient pas en mesure de s'opposer par la force à ce brigandage, mais deux des Pères ne voulurent pas abandonner le misérable troupeau et l'accompagnèrent, soignant les blessés, donnant l'absolution aux mourants qu'on laissait en route, jusqu'à l'arrivée à Saint-Paul.

Là, ils s'adressèrent aux autorités et demandèrent justice. On se moqua d'eux. Alors, ils allèrent jusqu'à Rio, ce qui était à cette époque un voyage énorme. A Rio, le gouverneur plus humain leur donna raison et dit qu'il fallait empêcher les captures d'esclaves dans les réductions. Il les fit même accompagner à Saint-Paul par un Commissaire du gouvernement, pour leur faire rendre justice. Mais quand ils furent de retour à Saint-Paul, le butin humain y avait déjà été dispersé ; il ne restait plus un seul indigène qui pût leur être rendu, et les deux Pères, reprenant l'interminable route, revinrent tout seuls dans leur réduction.

Les Paulistes, encouragés par ce succès, recommencèrent plusieurs fois leurs expéditions. Mais les Jésuites comprirent alors qu'il fallait se défendre et demandèrent au gouvernement espagnol l'autorisation de s'armer, qui leur était jusqu'alors refusée, de même que nous la refusons aux indigènes de nos colonies. Le Gouvernement espagnol fit droit à leur demande, à la condition que les armes qu'il leur accordait fussent enfermées dans des magasins et que les Pères seuls en eussent la disposition.

Aussi, quand dix ans plus tard, en 1630, les Paulistes vinrent faire une nouvelle expédition, ils trouvèrent à qui parler : ils se heurtèrent à un corps indigène Guarani, sous le commandement des Jésuites, et furent complètement défaits. Tous les Paulistes furent exterminés ou faits prisonniers.

Les Pères qui conduisirent les indigènes se battirent eux-mêmes, et le Recteur supérieur, Diego de Alfara, fut tué dans la bataille. On peut dire qu'il a mis en application la parole de l'Evangile : « le bon berger donne sa vie pour son troupeau. »

Les colonies eurent aussi d'autres ennemis ; ce ne furent plus les Portugais, mais les Espagnols eux-mêmes, quoique les réductions fussent sur le territoire espagnol.

Les Espagnols ne les aimaient pas. Les gouverneurs étaient offusqués par leur autonomie : ils demandaient que les corrégidors des missions fussent espagnols, que leurs impôts fussent doublés. Les colons espagnols détestaient ces Républiques parce qu'elles leur étaient fermées et qu'ils ne pouvaient aller y chercher fortune ni même y faire le commerce, le territoire leur étant interdit. Leur irritation se comprend facilement. Imaginez ce qu'il en serait aujourd'hui s'il y avait à Madagascar ou dans l'Afrique occidentale des terri-toires qui fussent réservés aux missionnaires catholi-ques ou protestants, avec défense aux colons français d'aller faire le commerce dans ces territoires et de s'y installer. Ce serait un beau tolle d'indignation !

Pour les forcer à partir on fit valoir contre les Jésuites toutes sortes de griefs : inutile de faire l'histoire, qui serait longue, de ces dénonciations. On accusa les Jésuites tantôt de vouloir faire des Réductions un Etat libre et de le détacher de la couronne d'Espagne, tantôt au contraire de vouloir les vendre au Brésil.

On crut découvrir, un jour, qu'ils avaient trouvé sur leurs territoires des mines d'or qu'ils cachaient et qu'ils s'enrichissaient ainsi mystérieusement. A cette époque, tout le monde était hanté par la vision des mines d'or ou des mines d'argent du Potosi.

Les Jésuites furent obligés d'aller à Madrid et de demander une enquête. Elle démontra que les mines d'argent étaient tout à fait imaginaires.

Ce n'était pas seulement avec les colons laïques qu'ils avaient des difficultés ; c'était même avec les évêques et avec les autres ordres religieux. Car il ne faut pas croire que les Jésuites aient toujours été aimés dans l'Eglise catholique. On redoutait beaucoup leur concurrence, on jalousait leur pouvoir. L'évêque d'Assomption, Cardenas, leur fit une guerre terrible. Il les accusait d'enseigner des hérésies dans leurs catéchismes. Ce fut une grave affaire qui fut portée devant la Cour de Madrid. Les Jésuites furent obligés, de rechef, d'aller plaider leur cause contre l'évêque. Finalement le roi d'Espagne, qui était à ce moment-là Philippe V, ordonna qu'on laissât les Jésuites tranquilles.

Plus tard ces Républiques furent sous le coup des plus graves périls. Et cette fois elles furent aux prises non pas seulement avec les Espagnols ou les Portugais, mais avec les uns et les autres coalisés. Ce fut à la suite de ce qu'on nomme dans l'histoire de ce pays, « le traité des limites ». Ce traité intervint en 1750, entre l'Espagne et le Portugal, en vue de tracer la frontière, dans l'Amérique du Sud, entre les possessions de ces deux pays, c'est-à-dire entre ce qui est aujourd'hui le Brésil, d'une part, et les possessions espagnoles qui sont devenues la République Argentine, le Paraguay et l'Uruguay, d'autre part.

Or, la frontière tracée par ce traité de 1750 suivait le cours du fleuve Uruguay, laissant à l'Espagne tout ce qui était à l'occident, et donnant au Portugal toute la partie orientale ; mais c'est précisément dans cette partie orientale que se trouvaient sept missions parmi les plus prospères. Le territoire des Missions se trouvait donc coupé en deux.

Les habitants de ces sept missions ainsi cédées par l'Espagne au Portugal reçurent l'ordre de quitter la région et de franchir l'Uruguay pour rentrer sur le territoire laissé à l'Espagne.

Les indigènes furent au désespoir. Ils firent valoir la détresse où les mettrait une telle nécessité, obligés d'abandonner leurs terres. Nous avons vu hier se renouveler ce drame avec les Grecs chassé d'Asie, les Turcs chassés de Macédoine.

D'autre part, ils ne voulaient pas rester sous la domination des Portugais, ces Portugais contre lesquels ils s'étaient battus autrefois et qui avaient voulu les réduire en esclavage.

On envoya donc, pour les expulser par la force, une armée hispano-portugaise. Cette armée alliée se composait de 3.000 hommes : 1.500 de chaque nation, à peu près. Quand elle arriva en présence de l'armée des Guaranis, celle-ci ne comptait que 2.200 hommes. Et cette fois elle n'était plus commandée par les Jésuites, parce que ceux-ci, en fidèles sujets, n'avaient pas voulu se mettre à la tête des révoltés. Les Guaranis étaient donc livrés à eux-mêmes. Ils furent écrasés dans une bataille dont le nom importe peu, puisqu'il ne restera inscrit ni dans la grande histoire ni dans la petite, et qui pourtant, toute proportion gardée, fut plus sanglante qu'aucune de celles de la grande guerre. Sur les 2.200 hommes qui composaient l'armée des Guaranis, 1.500 furent tués, 100 ou 150 furent faits prisonniers, les autres se dispersèrent.

On peut se demander pourquoi les indigènes qui étaient si vaillamment battus contre les Paulistes et parfois au service de l'Espagne, se laissèrent ainsi pitoyablement écraser presque sans combattre ?

Mais il faut songer qu'entre la victoire de 1639 sur les Paulistes et la défaite de 1750 plus d'un siècle s'était écoulé, et que pendant ce siècle la race avait probablement dégénéré au point de vue physique et moral, par conséquent aussi au point de vue militaire. Ce serait donc là le résultat de cet affaissement lent dont nous trouvions tout à l'heure la révélation dans la diminution de la population.

Après la défaite, les sept missions furent ravagées en punition de leur révolte ; les Pères s'en allèrent et les indigènes se dispersèrent dans les bois.

Mais voici que l'année suivante l'Espagne et le Portugal se mirent d'accord pour dire que les nouvelles limites étaient non avenues et qu'il n'y avait pas à en tenir compte ! On invita donc les Pères et les indigènes à revenir là où ils étaient. Ce qui fait que ces malheureux avaient été massacrés, et leurs villages et leurs missions ravagés, pour rien ! Quel exemple à ajouter à tant d'autres, de la stupidité féroce de la guerre !

Mais nous approchons du dénouement.

Nous voici dans la seconde moitié du xviiie siècle. C'est l'époque où les idées des philosophes français et des encyclopédistes commencèrent à rayonner dans le monde et où s'annonce la Révolution française. Alors, le règne des Jésuites pâlit, non seulement en France, mais même dans les pays où leur pouvoir semblait le mieux établi : ils sont partout poursuivis et expulsés. En 1758, le Portugal décrète l'expulsion des Jésuites. En 1767 l'Espagne suit cet exemple. Et de même que le Portugal avait décidé l'expulsion des Jésuites non seulement de la métropole mais des possessions du Brésil, le gouvernement espagnol décréta leur expulsion de toutes ses possessions de l'Amérique du Sud : les Jésuites du Paraguay furent donc englobés dans le décret d'expulsion générale.

On avait demandé qu'une exception fût faite en faveur de ces missions, mais leurs adversaires reprirent le vieux prétexte que les Jésuites cherchaient à créer des républiques indépendantes de la couronne d'Espagne.

Le gouverneur de la Plata, Bucarelli, dont le nom n'est connu que parce qu'il a été associé à cette mesure de police, fut chargé de cette expulsion. Le même jour, ou plutôt la même nuit, les soldats entrèrent dans les maisons des Jésuites de Buenos-Aires et de Cordoba, — Cordoba, où se trouvait une grande Université créée par les Jésuites, avec la seule bibliothèque qui existât alors dans l'Amérique du Sud. Les Pères en furent expulsés et les documents sur l'histoire des missions détruits.

Cette expulsion faite, Bucarelli remonta l'Uruguay avec un corps de troupes peu nombreux mais suffisant,

et prit possession successivement des trente réductions, signifiant aux Pères Jésuites le décret d'expulsion.

Les Jésuites expulsés de l'Amérique du Sud étaient
au nombre de 6.177 mais il n'y en avait que 78 dans les
réductions. Ils ne firent aucune résistance, n'élevèrent
aucune protestation. On les embarqua sur des navires
pour Cadix et de là on les déporta en Italie.

On ne peut s'empêcher d'éprouver quelque mélan-
colie en voyant, après 165 ans de durée, finir ainsi cette
histoire qui n'a pas été sans doute très glorieuse, mais
qui tout de même a été un chapitre unique dans l'histoire de la colonisation.

L'expulsion de ces Pères Jésuites par la force armée
n'est pas sans quelque ressemblance avec celle des
jansénistes de Port-Royal des Champs, par l'ordre du
roi Louis XIV. Certes, moins que personne, je ne voudrais assimiler cette glorieuse maison de Port-Royal,
d'où est sorti un homme comme Pascal, et les réductions du Paraguay, qui, comme je le disais, n'ont pu
donner naissance à un seul homme qui soit sorti de
la médiocrité. Néanmoins cette expulsion a été un
meurtre moral, car si cette colonie n'avait pas été
tuée, peut-être aurait-elle constitué un spécimen
unique dans l'histoire coloniale.

Comment se fait-il, vous demandez-vous sans doute,
que les indigènes n'aient pas défendu les Pères Jésuites
alors que ceux-ci les avaient gardés comme de bons
bergers pendant un siècle et demi ? Comment ont-ils
regardé passivement leur expulsion ?

C'est qu'ils avaient été trop bien élevés. Ils étaient
trop bien disciplinés, trop soumis de père en fils, pour
songer à se révolter contre le gouvernement et contre la
volonté des Jésuites eux-mêmes qui, même à cette heure
suprême, leur ordonnèrent la soumission. D'ailleurs, le
gouvernement espagnol, qui redoutait une révolte, ne
manqua pas de leur dire que cette expulsion serait pour
eux une libération, que le régime communiste serait

supprimé, que chacun désormais aurait la pleine propriété de son morceau de terre ; que le commerce serait libre et l'accès des réductions ouvert à tout le monde. On leur garantit en même temps qu'ils ne seraient pas soumis au régime administratif des concessions (*encomiendas*).

On leur promit tout cela, mais il paraît qu'en fait aucune de ces promesses ne fut tenue et qu'ils furent réduits, comme tous les autres indigènes, à l'état de semi-servitude.

Les quelques industries qui s'étaient créées disparurent l'une après l'autre ; un grand nombre d'indigènes quittèrent les missions et se dispersèrent, soit dans les régions qui avaient été cédées au Portugal, soit parmi les tribus indépendantes qui subsistaient encore.

N'est-il donc rien resté de cette histoire ? Si, il est resté quelque chose, je l'ai déjà dit. Cette race indigène, à la différence des Peaux-Rouges de l'Amérique du Nord, est demeurée vivante et elle a même gardé sa langue. Il y a certainement parmi les populations indigènes du Paraguay, de l'Uruguay, et de la province du Brésil qu'on appelle Rio Grande do Sul, de très nombreuses populations qui ont encore en elles le sang de ces Guaranis sauvés par les Jésuites. Les cartes portent encore leur marque. Si vous consultez une carte un peu complète de l'Amérique du Sud vous verrez que, dans ces régions, autour de l'Uruguay, il y a tout un territoire qu'on désigne sous ce nom, un peu grandiose : « les dix Peuples de la Mission », comme on citait en Palestine les dix villes de la Décapole.

On y trouve aussi une multitude de villes ou villages portant des noms de saints : Saint-Jacques, Saint-François, Saint-Louis, Saint-Nicolas, les Saints-Anges, qui sont les restes des colonies des Jésuites.

Il n'y a presque aucune de ces villes qui ne montre avec orgueil une église, ou les ruines d'une église élevée par les Jésuites, et qui conserve encore la somp-

tuosité de l'architecture ornementale bien connue sous
le nom de style jésuite.

Ce pays du Paraguay semble avoir conservé un certain pouvoir d'attraction sur les fondateurs de colonies, car plusieurs ont été s'y installer depuis lors, et récemment encore les Mennonites, descendants des anabaptistes du XVI° siècle, y sont venus en grand nombre, près de 20.000, dit-on. Le gouvernement du Paraguay a mis à leur disposition une vaste étendue de terres.

Cependant, je ne voudrais pas laisser croire que cette population indigène ait été la seule dans l'histoire coloniale qui ait été sauvée par des missionnaires. On trouverait dans l'histoire coloniale d'autres réalisations, quoique moins célèbres parce qu'elles n'ont pas été, comme celles des Jésuites, faites en forme d'expérimentations de laboratoire, sous cloche, peut-on dire.

Pour ne citer qu'un seul cas, qui peut nous intéresser parce qu'il est l'œuvre de missionnaires français, en 1833, il y a par conséquent près de cent ans, quelques missionnaires français ont été s'installer dans une région de l'Afrique du Sud, le pays des Bassoutos, tribu des Hottentots. Cette pauvre tribu semblait vouée, comme toutes les autres de l'Afrique du Sud, à la mort lente ou violente. Eh bien, on peut dire que les missionnaires ont sauvé l'existence et même la quasi indépendance de cette tribu de noirs. Les Bassoutos le reconnaissent eux-mêmes. Ils disent que si, au nombre de 500.000 qu'ils sont aujourd'hui, ils ont échappé à la spoliation des Boers, les colons hollandais de l'Afrique du Sud, puis à l'absorption par les Anglais, c'est à la mission française qu'ils le doivent.

On pourrait trouver aussi d'autres exemples dans les îles du Pacifique.

L'histoire de la colonisation a été faite par quatre grands facteurs qui sont le pionnier avec la hache, le soldat avec l'épée, le commerçant avec son ballot de marchandises, le missionnaire avec la croix, si c'est un catholique, avec la Bible, si c'est un protestant. Je ne dirai pas que les derniers aient fait les plus grandes œuvres, non, mais ils ont apporté aux indigènes ce qu'aucun blanc ne leur a apporté, un peu d'amour.

CHAPITRE VI

LES SOCIETES COMMUNISTES PROTESTANTES
AUX ETATS-UNIS

Bien que les missions dites Républiques des Jésuites aient été classées dans les sociétés communistes, elles n'étaient en réalité ni républicaines ni communistes. Elles ne se proposaient pas de créer une société nouvelle mais au contraire de maintenir les indigènes à l'état de nature. C'étaient des espèces de jardins d'acclimatation.

Mais les sociétés que nous allons maintenant aborder se proposaient de créer une société véritablement nouvelle ; elles avaient pour but non de maintenir le passé mais d'anticiper l'avenir.

Elles se divisent en deux grandes catégories :

les communautés à caractère religieux et qui par là se rattachent par une transition naturelle à celles des Jésuites du Paraguay ;

les communautés d'inspiration socialiste, dont nous parlerons dans un autre chapitre.

Parlons d'abord des premières.

Ces communautés à inspiration religieuse ne sont pas catholiques ; elles sont toutes protestantes. Ce n'est donc plus dans l'Amérique du Sud, dans l'Amérique espagnole, qu'il faut les chercher mais dans l'Amérique anglaise, aux Etats-Unis.

On en cite quelques-unes dès le milieu du XVIII° siècle, c'est-à-dire avant même que les Républiques des Jésuites du Paraguay fussent tombées.

Toutes ces sectes religieuses, hormis celles venues de Russie, les doukhobors dont je parlerai plus loin, sont nées dans le protestantisme, ce qui ne veut pas dire que leur protestantisme fût orthodoxe ; nous verrons que la principale, celle des Shakers, n'admettait pas la divinité de Jésus-Christ ; c'étaient donc des protestants très hérétiques, pour la plupart. Mais toujours est-il qu'il n'y en a point ou de catholiques ni de juives.

Cela s'explique facilement. Les catholiques et les juifs observent dans leur religion une discipline qui ne comporte pas de telles dissidences ou, si vous voulez, de telles extravagances ; mais les églises protestantes, où, comme l'a dit un critique célèbre, chaque protestant est pape une Bible à la main, se prête beaucoup mieux à la création de congrégations de tout genre.

Ces associations religieuses ont été très nombreuses. On en a compté plusieurs centaines ; presque toutes sont mortes, cependant trois ou quatre subsistent encore.

Je ne vais pas faire leur histoire en les prenant une à une ; ce serait fort ennuyeux parce que toutes se ressemblent. Voici l'histoire de la plus célèbre d'entre elles, celle des Shakers, et je dirai ensuite quelques mots de celles qui présentent les caractères les plus originaux.

I

Historique des principales communautés.

1. — LES SHAKERS

C'est la plus ancienne de ces communautés ; elle a duré presque autant que celle des Jésuites, puisque fondée en 1774 elle a vécu jusqu'à hier.

1° *Historique*

Les Shakers sont issus d'une secte religieuse qu'on appelle les Quakers, ou « Société des Amis », qui doit sa naissance à un Anglais, George Fox, au milieu du xvii^e

siècle mais qui s'est surtout propagée en Amérique, sous le patronage d'un grand Américain, William Penn. Ce fut lui qui installa les Quakers, tout particulièrement dans l'Etat qui porte aujourd'hui son nom, la Pennsylvanie.

Mais par tout pays on trouve des Quakers, quoiqu'en très petit nombre. Ils ont un siège social à Paris, avenue Victoria.

C'était le puritanisme le plus rigide. Les hommes portaient de grands chapeaux qu'ils n'enlevaient jamais, parce qu'ils ne saluent pas ; ils s'abstiennent de ces misérables petites politesses du monde civilisé qu'ils considèrent, avec raison d'ailleurs, comme autant de mensonges : pas de serrements de main, pas d'embrassements, pas de félicitations ou de compliments. Ils se tutoient toujours, et en effet puisque dans la religion protestante on tutoie Dieu on ne comprend pas pourquoi on devrait dire « vous » à des hommes. Mais s'ils dédaignent tous ces simulacres, par contre ils se sont montrés toujours admirablement dévoués, non seulement à leurs frères en religion mais à tous les hommes de tous les cultes. Et, quoique naturellement ayant la guerre en horreur, ils ont offert leurs services aux belligérants des deux camps, dans la dernière guerre, et ont reçu les remerciements de tous les gouvernements.

C'est dans cette secte des Quakers que se forma, au milieu du XVIII⁰ siècle, une nouvelle secte, plus avancée encore.

On les a appelés Shakers, mot qui a à peu près la même signification que Quakers, c'est-à-dire trembleurs, parce que, dans leurs réunions, ils entraient souvent dans ce que les spirites appellent l'état de transe, c'est-à-dire de convulsion. C'est un fait qui a été constaté dans toutes les périodes de « réveil » religieux. Il y a eu aussi en France, sous l'ancien régime, chez les catholiques, ceux qu'on a appelés les convulsionnaires de Saint-Médard.

Dans cette petite secte des Shakers il y avait une jeune femme, Anna Lee, qui prit tout de suite une place prépondérante. Elle n'a jamais su pendant sa vie ni lire ni écrire, mais elle a su faire des miracles, comme les fondateurs de toutes les religions. On l'appela tout de suite, quoi qu'elle fût encore jeune, la Mère Anne, et c'est le nom qui lui est resté dans l'histoire, car elle est devenue vraiment la prêtresse d'une nouvelle église. Il est d'ailleurs assez fréquent de voir des femmes devenir ainsi les initiatrices d'une nouvelle religion. A l'heure actuelle les « théosophes » ont pour chef une femme, Mme Annie Besant, dont le nom est bien connu de tous ceux qui s'occupent des religions plus ou moins occultes, et qui est presque divinisée aujourd'hui, car elle est la mère adoptive du jeune messie Krishnamurti.

Anna Lee groupa autour d'elle un certain nombre de membres ; elle fut persécutée, comme il arrive toujours aux prophètes. Elle fut même emprisonnée, et elle se décida, comme avaient fait les puritains au XVIIe siècle, les quakers au XVIIIe, les juifs au XIXe, à aller en Amérique. Heureusement les Etats-Unis ne s'étaient pas encore fermés aux indésirables !

Ce fut en 1774 que Mère Anne partit avec sa famille, son mari et une vingtaine de parents ou d'amis.

Ils ne s'arrêtèrent pas dans l'Etat de Pennsylvanie, mais allèrent un peu plus loin, sur la frontière de l'Etat de Connecticut, fonder une colonie qu'ils baptisèrent d'un nom qui, comme tous ceux affectionnés par ces sectes, était emprunté à la Bible : le Mont Liban (Mount Lebanon). Anne Lee mourut peu après, en 1784. Mais la communauté de Mont-Liban lui survécut et se développa, quoique assez lentement, et même elle essaima comme une ruche. Un demi-siècle plus tard, en 1823, elle comptait à peu près 18 communautés filiales, avec un peu moins de 5.000 personnes.

Comme nous l'avons fait pour la République des

Jésuites, indiquons quels étaient les caractères de ces communautés.

2° *Vie religieuse*

On ne peut se dispenser de parler de la vie religieuse de ces communautés puisque c'est là que se trouvait leur raison d'être. Elles étaient inspirées de Moïse et des prophètes, beaucoup plus que de Jésus-Christ, de l'Ancien Testament beaucoup plus que du Nouveau, comme d'ailleurs toutes les autres sectes de cette époque. Les puritains du temps de Cromwell, les huguenots du siècle de Louis XIV, étaient de la religion de la Bible, comme les Juifs ; ils ne différaient des Juifs orthodoxes qu'en ceci que, pour eux, le Messie annoncé par la Bible et les phophètes est déjà venu en la personne de Jésus, tandis que les Juifs l'attendent encore.

Pour les Shakers, non seulement le Messie est venu déjà une première fois en la personne de Jésus, mais il est venu une seconde fois en la personne de la Mère Anne ! Et les Shakers trouvaient la chose tout à fait naturelle puisque Dieu lui-même, dans leur dogmatique, était à la fois homme et femme. Ils en trouvaient la preuve dans la Bible, car que dit la Bible dans le premier chapitre de la Genèse ? « Dieu créa l'homme à son image : il les créa *à l'image de Dieu*, mâle et femelle. » (1).

Mais il faut ajouter que pour les Shakers ni Jésus ni la Mère Anne n'étaient Dieu. C'étaient des manifestations de Dieu, mais non des incarnations de Dieu.

D'après les Shakers, voici l'histoire de la chute. Après

____

(1) Ce texte (*Genèse*, ch. I, v. 27) se trouve en contradiction avec ceux du Ch. suivant (II, v. 21-23), beaucoup plus connus, qui disent que la femme n'a été créée qu'après l'homme et de la chair de celui-ci. Mais on sait que les premiers chapitres de la *Genèse* sont de deux sources différentes et, sur bien des points, inconciliables.

On peut trouver dans le premier texte, comme les Shakers, un argument pour l'égalité des sexes, et dans le second, au contraire, un argument pour l'infériorité du sexe féminin.

avoir commis le péché — lequel n'était point l'acte symbolique de manger le fruit défendu, mais bien l'union sexuelle — Adam mourut aussitôt. Et celui qui avait été l'auteur de sa chute et de sa mort, Satan, prit la figure d'Adam, à l'insu d'Eve. C'est de cet adultère qu'est née l'humanité. Ce singulier mythe est exposé dans une sorte de poème qui ne manque pas d'un certain souffle épique et dont je veux lire quelques versets. C'est un dialogue entre les fils d'Adam et Adam lui-même.

Les fils d'Adam parlent :

Premier Père Adam, où êtes-vous ?
Avec tous les fils de la race déchue,
nous venons vous demander une réponse.
Nous vous en prions, dites-nous comment vous avez
péché ?
Nous n'avons jamais pu deviner par quel mystère
votre péché a englouti toute la race humaine.

Et Adam, dans sa réponse, fait d'abord l'histoire du paradis perdu ; puis il dit :

Quand la hideuse Bête nous eut affirmé qu'il ne fal-
lait pas craindre la menace de Dieu : « le jour où vous
mangerez de ce fruit, vous mourrez », et que j'eus satis-
fait mon vil désir, aussitôt je mourus, car la parole
de Dieu ne peut pas rester vaine. Ainsi finit la vie du
premier Adam.
Mais aussitôt que la vie eut quitté mon âme, la Bête
infernale prit possession et de l'âme et du corps. Elle
vola mon esprit, mon visage, ma stature, mon langage,
ma démarche ; elle prit ma femme, elle prit mon nom
et elle devint le second Adam, mais sa nature resta la
même.
Oh plan subtil ! oh horrible fourberie ! Satan a pris
la place de l'Homme.
Voilà votre père qui a pris mon nom, voilà votre
filiation !

En d'autres termes, les hommes sont fils non point

d'Adam tel qu'il avait été créé par Dieu, mais corporellement fils de Satan. Il n'est pas surprenant qu'ils soient mauvais.

Mais, d'après les Shakers, l'homme peut se régénérer et devenir un nouvel Adam, ou plutôt redevenir l'ancien Adam, à la condition de remonter de l'abîme où le premier Adam est tombé, c'est-à-dire se dépouiller de son corps charnel et cesser toute union sexuelle.

Le célibat dans la chasteté, tel est donc le premier des commandements des Shakers, et c'est sur ce principe qu'ils ont constitué leur communauté.

Pourtant ce ne fut pas dès le début, car Mère Anne était mariée et avait même plusieurs enfants. Mais, quand elle eut fondé le Mont Liban, elle divorça pour se conformer à ses principes.

Cette règle du célibat a été dès lors observée dans la communauté des Shakers et n'a pas cessé depuis lors. Elle n'a d'ailleurs rien d'absolument remarquable ; nous la retrouvons dans toutes les congrégations religieuses, sous forme de vœu de chasteté. Mais il y a ceci de spécial dans la communauté des Shakers que, dans leur congrégation, si on peut l'appeler ainsi, les deux sexes ne sont pas séparés mais vivent en communauté, ce qui donne évidemment plus de mérite à l'observation de leur vœu. Toutefois, ils ne bravent pas la tentation au point de vivre dans un état de promiscuité ; non ! la séparation des sexes est établie non seulement pour le logement mais aussi pour la table. Et même les visites entre les deux sexes étaient réglementées et ne devaient avoir lieu que devant témoins. La discipline des mœurs était extrêmement sévère.

Mais, dira-t-on, puisqu'il n'y aura plus d'enfants, comment la communauté se recrutera-t-elle ? Et si un jour elle convertit tout le monde ce sera la fin du genre humain ?

A cela il faut répondre que les Shakers ne prétendent pas imposer leur doctrine au monde entier ; ils prétendent représenter une élite de régénérés, mais ils ne défendent pas le mariage à ceux qui veulent rester fils du faux Adam, fils du diable, à ceux qui vivent dans ce qu'ils appellent « le monde extérieur ».

D'ailleurs, même dans les communautés des Shakers il y a des enfants ; autrefois il y en avait même un assez grand nombre. Au moment où ils étaient à leur apogée et atteignaient le nombre de 4.000 ou 5.000 personnes, on comptait 5 à 600 enfants.

Mais alors, d'où ces enfants venait-ils ?

C'étaient des enfants d'adoption qui leur étaient confiés par ceux des autres Quakers qui n'avaient pas une foi assez ardente pour se faire eux-mêmes Shakers, mais qui néanmoins désiraient confier leurs enfants à la communauté pour les élever et les régénérer.

Ce mode de recrutement est cependant devenu de plus en plus rare : normalement le recrutement se faisait comme dans toutes les congrégations religieuses, par l'admission de convertis.

Les Shakers étaient extrêmement sévères dans ces admissions. Il fallait que le candidat prouvât d'abord qu'il avait payé toutes ses dettes temporelles, puis qu'il se confessât ; car la confession était pratiquée par les Shakers, ce qui est assez remarquable, puisque la confession, qui est une des caractéristiques de la religion catholique, n'existe pas dans les églises protestantes. Or chez les Shakers la confession tenait une place immense, avec cette différence que les confesseurs étaient des deux sexes : les hommes se confessaient à des hommes ; les femmes, à des femmes.

Quand on entrait dans la communauté, il fallait donc faire une confession absolue de toutes ses fautes passées.

Et comment savoir si la confession était complète ? Si nous ne le savons pas, disaient les Shakers, Dieu le saura, et il rendra le séjour parmi nous impossible à ceux qui ne se seraient pas confessés avec sincérité ; le poids de ce mensonge deviendra pour eux de plus en plus lourd et finira par les accabler tellement qu'ils sortiront d'eux-mêmes volontairement de l'association.

Un autre trait singulier de leur vie religieuse c'est qu'ils ne priaient pas. Ils ne priaient pas, parce que, disaient-ils, la prière était inutile pour des hommes comme eux qui vivaient en Dieu. La prière est un mode de correspondance nécessaire à ceux qui vivent loin de Dieu ; mais on n'échange pas de correspondance entre membres d'une famille qui vivent sous le même toit ; de même, les Shakers disaient n'avoir pas à prier Dieu puisqu'ils ne le quittaient pas.

3° *Vie sociale*

Pour la vie sociale, elle ressemblait beaucoup à celle des congrégations religieuses.

Je viens de parler du vœu de chasteté. On peut dire aussi qu'il y avait le vœu d'obéissance, d'obéissance absolue, comme dans les congrégations catholiques. Obéissance à qui ? Aux anciens, qu'on appelait *elders*, « les aînés ». Il y en avait deux ou quatre dans chaque communauté, de chaque sexe, sur pied d'égalité absolue. Ces anciens, hommes et femmes, gouvernaient la communauté de la façon la plus autocratique.

La discipline était rigoureuse. Il fallait se lever à 4 h 1/2 en été, à 5 heures en hiver, et à 9 h. 1/2 sonnait le couvre-feu. Le dimanche, on pouvait se lever une heure plus tard. Le repos du dimanche était strictement observé, comme le sabbat chez les Juifs. Mais ceci n'a rien de particulier, puisqu'en Angleterre le dimanche n'a fait que remplacer le sabbat juif.

On mangeait en commun, mais à trois tables séparées : hommes, femmes, enfants.

Le vêtement était sévère, encore plus que celui des Quakers. Tout ornement superflu, pour les hommes comme pour les femmes, était absolument banni, non seulement les bijoux, ce qui va sans dire, mais la cravate : c'était un ornement vestimentaire tout à fait superflu. Ce petit détail a un certain intérêt, c de nos jours il a été un sujet de querelle comique dans la Russie soviétique (1). La coiffure des femmes était très simple ; les chapeaux de femmes de l'Armée du Salut en donnent une idée assez exacte.

Tout meuble qui n'était pas nécessaire était exclu ; les chaises, quand on avait fini de s'en servir, étaient accrochées au mur. Supprimés aussi tous tapis et rideaux ; et cela non pas seulement en haine du luxe mais par souci de l'hygiène, ce qui est assez remarquable puisque cette préoccupation était totalement inconnue à nos aïeux. Les Shakers auraient pu rendre des points aux nouvelles écoles d'hygiénistes ; le nettoyage et le lavage étaient incessants dans leurs colonies. Et de même étaient exclus tous tableaux et œuvres d'art.

Voilà comment s'exprime un Shaker de Mount Lebanon, dans une interview : « Le beau, ainsi que vous le nommez, est absurde et anormal. Nous ne voulons pas le connaître. L'homme qui vit en Dieu n'a pas le droit de dépenser de l'argent pour embellir sa maison et sa vie quotidienne, alors que d'autres hommes vivent dans la misère. »

Cependant, il ne faudrait pas conclure de ce que je viens de vous dire que la vie chez les Shakers fut absolument sinistre. Ils avaient des distractions ; tous les soirs, il y avait réunion ; on lisait les journaux à l'exclusion de ceux qui parlent de crimes ou d'assassinats — et nous connaissons de grands journaux de Paris qui n'auraient pas eu accès dans ces colonies des Shakers. Ils faisaient de la musique. Leur condamnation de l'art ne la visait pas, probablement parce qu'elle n'implique pas de grandes dépenses. D'ailleurs j'ai fait remarquer que dans la République des Jésuites,

---

(1) « Il n'y a absolument rien de répréhensible dans la cravate. Il est faux que les bourgeois seuls en portent. Ainsi Mikhaïl Ivanovitch Kalinine est venu nous voir. Il avait une cravate et nous a fait une excellente impression. D'autre part, Karl Marx est partout représenté avec une cravate noire, et Vladimir Ilitch (Lénine) est également photographié dans certains cas avec une cravate. » *(Pravda* 26. II.))

la musique tenait aussi une grande place. Il semble que les communautés dont la vie est la plus ascétique cherchent dans la musique un dédommagement à leur exil du monde. Cette forme d'art n'est pas contraire à l'idéal religieux puisque c'est généralement sous l'image d'un concert éternel des anges qu'on représente la vie au Paradis.

La danse aussi était pratiquée, ce qui est plus surprenant. Cependant je rappelle qu'elle était aussi en grand honneur chez les Jésuites du Paraguay. Les Shakers ne manquaient pas de rappeler que David dansa devant l'Arche. Je ne sais si dans la danse la séparation des sexes était aussi imposée.

On pourrait penser que ce célibat universel, perpétuel et intégral, devait mettre un peu de froid dans la vie sociale. Mais pourtant voici, dans la même interview, la réponse du Shaker à qui lui demande s'il ne s'ennuie pas :

« Les joies du célibat sont plus grandes que je ne puis vous le faire comprendre. Elles sont indescriptibles. »

Mais l'opinion de ce misogyne n'était pas celle de tous les ' nes Shakers, puisque bon nombre ont quitté la Société pour ce motif qu'ils ne pouvaient supporter le célibat, et c'est une des causes qui ont amené la mort de cette secte. Et même les enfants élevés par les Shakers ne s'y habituaient pas, de sorte que la colonie finit par ne plus se composer que de gens âgés.

En tout cas, cette vie simple était très propice à leur santé. C'est un fait remarquable que l'extraordinaire longévité des Shakers. Ils n'étaient pas comme ces pauvres Guaranis dont nous avons parlé dans les précédentes leçons, qui se laissaient mourir comme des mouches ; les Shakers, au contraire, semblaient doués de la vitalité de ces patriarches qu'ils admiraient tant ; l'âge de 90 ans était fréquent chez eux. On en cite plusieurs qui ont dépassé 100 ans, et un qui est mort à 120 ans, ayant ainsi embrassé au cours de sa vie presque toute l'histoire de la Société des Shakers. Il est probable que la nourriture favorisait cette longévité ; c'était une table abondante mais sans excès, sans boissons fermentées, presque sans viande. Le végétarisme n'était pas imposé mais il était généralement pratiqué.

Le travail était régulier, ce qui est aussi une très bonne condition de santé et il n'était pas pénible.

Ceci nous amène à considérer, en troisième lieu, la constitution économique de cette colonie.

4° *Vie économique*

Au point de vue économique, c'était le communisme absolu, tout comme dans les congrégations catholiques ; aux deux vœux qu'ils pratiquaient, la chasteté et l'obéissance, on peut ajouter le troisième : la pauvreté, tout comme dans les congrégations catholiques. Ils n'avaient rien en propre. Je parlais tout à l'heure des conditions mises à l'admission de ceux qui demandaient à entrer dans la société des Shakers. Voici, en outre, la déclaration qu'ils devaient signer :

« En toute conscience et de la façon la plus solennelle, je consacre et je voue ma personne, ainsi que tous mes intérêts personnels, à Dieu et à son peuple. Je les remets à la garde des anciens diacres (ou *trustees*) tels qu'ils ont été institués, pour en faire tel emploi qu'ils jugeront utile pour le bien de l'Eglise et l'assistance aux pauvres, et non dans un intérêt privé. »

« Et je déclare, en présence de Dieu, que je ne demanderai aucun intérêt ni ne réclamerai aucun compte de tout ce que j'ai apporté. »

Ils abandonnaient donc tous leurs biens en toute propriété à la communauté, et ces biens étaient gérés de la façon la plus souveraine par les diacres ; les elders s'occupant plus spécialement du gouvernement moral et religieux, et les diacres de la gestion temporelle des biens.

Ce n'était pas comme chez les Jésuites du Paraguay

où chaque famille conservait le produit de son travail ; les Shakers vivaient en vraie communauté. Le travail se faisait en commun et on n'appliquait pas la formule Saint-Simonienne : à chacun selon ses œuvres. Tout le monde devait fournir un certain nombre d'heures de travail manuel ; les anciens, les elders, donnant l'exemple en travaillant le même nombre d'heures que les membres ordinaires. Le travail salarié n'était pas exclu, mais il était rarement pratiqué. Les enfants (adoptifs) y employaient une grande partie de leur temps. Les femmes travaillaient aussi, seulement elles étaient spécialisées dans l'exécution des travaux intérieurs ; chaque membre du sexe masculin était confié aux soins d'une femme, qui était non pas attachée à son service puisque la domesticité était absolument interdite, mais chargée de l'entretien de ses vêtements et de tous les petits services qu'un homme vivant dans le célibat a besoin de demander à une femme.

Le travail n'était pas pénible, pas plus qu'il ne l'était, nous l'avons vu, dans les Républiques des Jésuites. Le travail n'est pénible que lorsqu'il est pratiqué sous le régime de la servitude, non pas seulement celle du fouet mais celle de la nécessité, de la faim, du besoin, ou celle non moins impérieuse du profit et du désir de la fortune. Aucun de ces mobiles ne venait aiguillonner le travail des Shakers ; ils travaillaient tranquillement, sans avoir l'idée de s'enrichir et uniquement pour pourvoir aux besoins de la communauté, c'est-à-dire de leurs propres besoins.

Ces besoins étant très réduits, la communauté pouvait produire à peu près tout ce qu'elle consommait, non seulement la nourriture de ses membres mais aussi leurs vêtements, et même leur mobilier, qui était réduit à sa plus simple expression.

Les Shakers reconnaissaient que les objets industriels qu'ils fabriquaient chez eux revenaient plus cher que ceux qu'ils auraient achetés au dehors ; mais ils préféraient les faire eux-mêmes, disant qu'ils étaient de meilleure qualité, plus durables, et aussi que c'était utile pour l'éducation de la communauté.

La communauté ne produisait que pour sa consommation et par conséquent n'avait rien à vendre. A quoi bon s'imposer ce travail supplémentaire puisqu'il n'y avait aucun profit à en attendre ? Ils ne cherchaient pas à s'enrichir, ni eux-mêmes personnellement, bien entendu, puisqu'ils avaient fait vœu de pauvreté, ni même la communauté ; car ils n'ont jamais suivi la politique des congrégations catholiques, qui, si elles ont pratiqué la pauvreté pour leurs membres n'ont pas fait le même vœu en ce qui concerne les Ordres dont elles relevaient et dont quelques-unes ont amassé d'immenses fortunes. Nous avons fait remarquer que ces fortunes des congrégations religieuses provenaient moins du travail de leurs membres que de legs, mais les Shakers n'ont jamais cultivé ce mode d'enrichissement.

Et pourtant le travail des Shakers, quelque peu pénible qu'il fût et bien qu'accompli sans esprit de lucre, avait fini, après un siècle, par rendre les communautés assez riches. Ils sont arrivés à posséder d'assez grands domaines. D'après le livre de Nordhoff (1), et la plupart des renseignements que je viens de vous donner sont extraits de ce livre devenu très rare — vers 1874, quand Nordhoff visita les colonies des Shakers, celles-ci étaient au nombre de 18, mais ne comptaient que 2.415 habitants, donc déjà moins que le chiffre maximum qui avait été 4.870, et ces 2.400 membres étaient presque tous âgés. A la station mère du Mont Liban, le chiffre était tombé de 600 à 380. Mais si le nombre de leurs membres diminuait, l'étendue de leurs domaines augmentait : elle s'élevait à 20.000 hectares, ce qui représentait une forte moyenne de 8 hectares par tête. Il est vrai qu'aux Etats-Unis la densité de la population est bien plus faible qu'en France. Leurs biens étaient

---

(1) *Communistic Societies of the United States*, par Nordhoff, 1875, Londres.

évalués à 10 ou 12 millions de dollars, c'est-à-dire à 50 ou 60 millions de francs-or (300 millions de francs-papier), ce qui représente 25.000 francs-or par tête, chiffre très élevé ; car si vous faisiez la division du total de la fortune de la France, 300 milliards avant la guerre, par le nombre de ses habitants, 40 millions, vous n'arriveriez qu'à une moyenne de 7.000 à 8.000 francs-or, donc très inférieure par conséquent à celle des Shakers.

On ne peut donc pas dire que cette communauté n'ait pas réussi économiquement ; sans doute elle est restée loin des entreprises américaines qui ont gagné des milliards de dollars, mais elle ne cherchait pas ce résultat. Elle n'avait d'autre ambition que de suffire à ses besoins et elle y est arrivée avec surabondance.

Seulement qu'est-il arrivé ? C'est que chacune de ces communautés a voulu réaliser peu à peu ses biens, les a aliénés, et alors les communautés se sont dispersées. Elles ont été emportées dans le tourbillon de la vie américaine. C'est leur fortune même, comme il arrive souvent, qui a causé la mort de ces communautés. D'après les derniers renseignements, qui remontent à 1924, il ne restait plus, à cette date, qu'une seule des communautés des Shakers, la plus ancienne de toutes, celle du Mont Liban, avec seulement 200 habitants.

Ce n'est pas encore tout à fait la fin ; et en tout cas la communauté a duré de 1775 à 1925, c'est-à-dire 150 ans, presque autant que la République des Jésuites du Paraguay, et c'est là assurément une expérience intéressante, car elle prouve que des hommes peuvent vivre en communauté et qu'une entreprise sous cette forme n'est pas nécessairement vouée à l'échec, comme l'affirment tous les économistes.

II. — Les Perfectionnistes d'Oneida.

Les Perfectionnistes, dont le nom n'a pas besoin d'être expliqué — il suffit de se rappeler la parole de Jésus à ses disciples : « Soyez parfaits comme votre père est parfait » — datent seulement de 1848. Ils ne sont pas venus d'Europe comme les précédents, ils sont d'origine américaine : Oneida est près du lac Ontario. Ils ont une physionomie très originale sinon au point de vue économique, du moins au point de vue social et dont les deux traits les plus curieux sont le « criticisme» et « le mariage complexe ».

Le criticisme consiste à faire comparaître chaque membre de l'association devant une assemblée fraternelle, où chacun lui dit ses vérités avec toute la franchise d'un chrétien. Le patient doit écouter, impassible, le portrait que ses camarades font de lui et ne doit pas répliquer, afin de ne pas provoquer de discussion, ce qui ferait manquer le but qu'on se propose d'atteindre.

On jouait de mon temps — je ne sais pas si c'est encore la mode — à un jeu de société qu'on appelait la sellette : un membre de la société s'asseyait sur une chaise et, assis en cercle à l'entour, les autres, en termes plus ou moins courtois, faisaient son portrait. De même ici : mais chez les perfectionnistes, ces séances de criticisme n'étaient pas un jeu, elles étaient faites avec le sérieux d'un acte religieux. Il semble que vraiment elles donnaient de bons résultats, mieux que la confession catholique, faite dans l'intimité, à un prêtre qui est tenu au secret le plus absolu ; mieux que la confession publique que les Jésuites imposaient aux indigènes. Ici, c'est l'inverse de la confession ; ce n'est pas le pécheur qui est appelé à avouer ses péchés, ce sont ses camarades qui sont chargés de les lui faire connaître. On pourrait croire qu'un tel procédé doit susciter des querelles et que celui qui a été toute la soirée sur la sellette entendant les camarades lui jeter à la face des choses désagréables, doit en garder quelque rancune ? Eh bien, il paraît que généralement il les retenait et en faisait son profit, car bien souvent si nos défauts vont s'aggravant c'est parce que nous les ignorons. Quant à l'exécuteur qui est chargé de faire les reproches, on assure qu'il les oubliait tout de suite, et que le fait même d'avoir dit à quelqu'un, comme on dit en langage populaire, ses quatre vérités, en donnant satisfaction aux gens grincheux, prévenait les brouilles, lesquelles naissent plutôt des griefs longtemps couvés. C'était un abcès percé.

Voilà donc un exemple de méthode pédagogique qui, assurément, n'est pas le fait de gens dénués de toute finesse psychologique.

La communauté d'Oneida a introduit une autre innovation encore plus extraordinaire : c'est ce qu'elle appelle le « mariage complexe », expression assez difficile à traduire en français ; il semble que la traduction exacte serait « mariage collectif », et cependant ce n'est point cela ; c'est plutôt « mariage intermittent » ou tout simplement « union libre ». Tout homme de la communauté pouvait épouser simultanément toute autre femme de la communauté et réciproquement.

On pourrait croire à première vue que ce régime était fait pour donner satisfaction à l'instinct sexuel le plus animal ; c'était un système de polygamie complété par un régime de polyandrie et les deux, cumulés, ne pouvaient aboutir, semble-t-il, qu'à la forme la plus dégradante du communisme, à la promiscuité des sexes. Mais il n'en est rien. Ce qu'il y a de particulier dans cette espèce de communauté des femmes et des hommes c'est qu'elle procédait d'une idée de discipline de l'amour. On ne voulait pas que l'amour, même sous la forme qui nous paraît la plus pure, l'amour conjugal, enchaînât deux êtres l'un à l'autre. Cet amour conjugal qui veut qu'un être se consacre à un autre, était considéré comme un véritable péché ; c'est un péché de faire d'un autre être, selon la formule employée dans la littérature, un objet d'adoration. On ne doit pas adorer une créature mais seulement Dieu.

Par conséquent, lorsque le mariage a eu pour résultat de créer entre un homme et une femme un attachement trop vif, trop durable, il faut se hâter d'y couper court par une autre union. C'est une cure : on guérit un mal par un autre.

Voici, pour ne pas laisser croire que je brode sur ce sujet un peu délicat, le compte rendu d'un témoin qui a assisté à une de ces séances de criticisme dont je parlais tout à l'heure (1).

Cette séance était présidée par le chef de la communauté, le père Noyes. Et voici ce qu'il dit à celui qui est sur la sellette et qu'on nomme, pour la circonstance Charles, mais en s'adressant à toute l'assemblée :

« La femme de Charles attend un enfant. Dans cette situation, Charles s'est laissé prendre d'un amour égoïste et du désir de conserver des relations intimes et exclusives avec la femme qui va le rendre père.

« C'est une tentation insidieuse et à laquelle beaucoup succombent. Néanmoins, il faut lutter contre elle.

« Charles l'a bien compris lui-même et est venu me demander ce qu'il devait faire.

« Après en avoir causé ensemble, nous sommes tombés d'accord qu'il devait se séparer complètement de sa femme et laisser un autre camarade prendre sa place.

« Et c'est ce qu'a fait Charles, dans un esprit digne d'éloges. »

Il semble que l'aberration morale ne puisse aller plus loin ! Et cependant, vous voyez que nous ne sommes pas ici dans l'Abbaye de Thélème, où était inscrite la devise : Fais ce que voudras. C'est au contraire, je le répète, le sacrifice aux intérêts de la communauté d'un attachement mutuel qui risquerait de devenir trop exclusif.

Au reste, en 1879, Noyes donna l'ordre d'abandonner ce régime, pour donner satisfaction à l'opinion publique, laissant à ses fidèles le choix entre les deux solutions bourgeoises, le mariage monogame ou le célibat.

Ce fut sage assurément. Mais quand la bonne société,

____

(1) Nordhoff, *Op. cit.*, p. 293.

comme on dit, se voile la face d'horreur devant ces turpitudes, on peut sourire : elle fait déjà ou fera bientôt exactement de même, et non point comme à Oneida, par une prétention fantasque de discipliner l'amour, mais pour donner au contraire toute licence à celle-ci. Aux Etats-Unis on compte un divorce sur quatre mariages. Chaque homme, en Amérique, est exposé à rencontrer dans le monde plusieurs de ses femmes, et chaque femme, plusieurs de ses maris (1). La seule différence, avec le système du Père Noyes c'est que, dans le régime actuel, les mariages sont successifs, tandis que chez les Perfectionnistes ils étaient simultanés.

Ce qui est paradoxal, c'est que cette communauté d'Oneida, la plus excentrique de toutes, est celle qui a le mieux réussi, financièrement parlant, je veux dire qu'elle est devenue une entreprise industrielle très prospère.

Elle avait déjà un caractère industriel sous le régime communautaire, car elle ne craignait pas d'employer la main-d'œuvre salariée et de produire pour la vente, donc pour le profit. On y fabriquait des articles très divers : argenterie, chaînes, bobines de soie, etc...

En 1880, quand la communauté fut dissoute en tant que communauté, elle fut maintenue sous la forme de société par actions, chaque sociétaire recevant une action de 100 dollars pour chaque année de séjour. Bon nombre vendirent leurs actions et s'en allèrent, mais la jeune génération demeura sous la direction de Pierpont Noyes resté président. Et quoique ayant rejeté la cons-

---

(1) Un grand journal américain, le *New York Times*, en annonçant un mariage entre un M. Minot et une Mme Bruden, a donné les renseignements que voici : Mme B. avait déjà eu deux maris et avait divorcé deux fois, M. B. de son côté avait divorcé de sa première femme, laquelle avait pris un second mari, étant lui aussi divorcé, en sorte que l'on aurait pu former un groupe — je n'oserais dire sympathique — formé de quatre maris, quatre femmes et un certain nombre d'enfants dont la filiation serait trop compliquée à démêler. En quoi une telle société diffère-t-elle de celle d'Oneida ?

titution communistique, l'entreprise garda un caractère très démocratique et égalitaire par l'adoption des règles que voici :

1° interdiction à tout sociétaire de posséder plus de 5 % du capital social ;

2° salaires très élevés pour les ouvriers et relativement faibles pour les administrateurs ;

3° majoration de salaire de 1 % après trois mois de service, puis de 1 % par année de service, jusqu'à un maximum possible de 12 %.

4° participation aux bénéfices qui, jointe à la majoration précédente, peut relever le salaire de 22 % les bonnes années.

5° congé de une semaine payée ;

6° droit pour tout ouvrier, après 10 ans de service, d'acquérir des actions. Plus de la moitié des employés sont ainsi devenus actionnaires et aussi une partie des ouvriers manuels.

7° innombrables comités (plus de 20) pour toutes variétés de sports et récréations.

Ce système de participation et actionnariat ouvrier, qui, en France, n'a donné que des résultats rares et médiocres, paraît avoir ici brillamment réussi. Sans doute faut-il y voir une certaine survivance de l'esprit mystique qui a inspiré la première communauté.

Quoique la Société porte encore le titre de communauté d'Oneida, en fait elle a quitté cette ville en 1917 pour se transporter, avec armes et bagages, à 400 kilomètres à l'est, à Sherill (1).

III. — Les Doukhobors.

Les Doukhobors sont une secte de religion russe mais qui s'est séparée depuis le milieu du XVIII° siècle de la religion orthodoxe, comme les sectes que nous avons

(1) Voir pour plus de détails un article de Mme Esther Lowenthal, dans la Revue *Journal of Political Economy* de Chicago, année 1927, p. 114.

examinées jusqu'ici se sont séparées de la religion luthérienne ou anglicane. Ce sont les premiers qui aient mis en pratique la doctrine enseignée plus tard par Tolstoï et qui a fait l'objet de tant de discussions : la non résistance au mal. C'est l'application stricte de la parole de Jésus : « Quand on vous frappe sur une joue, tendez l'autre, et si on vous dépouille de votre vêtement, donnez encore ce qui reste ».

Cette doctrine a été pratiquée chez eux à la lettre, comme le montrent beaucoup d'anecdotes. Un Doukhobor apercevant un bandit voler son cheval dans l'écurie et s'enfuir, lui crie : Arrêtez ! d'un ton si impérieux que le voleur s'arrête en effet, et il lui dit : Pourquoi es-tu venu voler ce cheval ? Tu n'avais qu'à le demander et je te l'aurais donné ; ainsi tu ne te serais pas rendu coupable d'un vol.

Naturellement les Doukhobors se refusent de façon absolue au service militaire. Pendant tout un siècle, dans l'Empire des Czars, ce petit groupe d'hommes, une douzaine de mille, est resté invincible dans son obstination. On les a déportés, on les a envoyés en Sibérie : ils n'ont pas capitulé. Seulement, à la fin, ils ont demandé l'autorisation d'émigrer et d'aller chercher un pays où ils pourraient pratiquer leur religion de la non résistance au mal. Ce n'est qu'en 1879 qu'ils ont fini par obtenir du gouvernement du Tzar l'autorisation d'émigrer en Amérique.

Il va sans dire que le grand littérateur russe Tolstoï, qui à certains égards était disciple des Doukhobors, les a toujours défendus ; et même, alors qu'il avait pour règle de ne jamais recevoir aucun profit de ses livres, et de refuser tous droits d'auteur, il les a prélevés pour un de ses romans célèbres, « Résurrection », afin de les donner aux Doukhobors en vue de faciliter leur émigration.

Ces Doukhobors sont donc partis, non pas 12.000, parce que c'était très difficile, mais au nombre de 4.000, et ils ont été au Canada.

Là on leur a concédé un immense domaine de plusieurs milliers d'hectares, où ils se sont installés en communauté absolue. Seulement, le gouvernement du Canada n'a pas été beaucoup plus tolérant pour eux que ne l'avait été le gouvernement tzariste ; il a dit que les lois canadiennes ne permettaient pas de faire des concessions de terres sous forme de communauté.

Ils ont repris leur bâton de voyage et se sont rendus dans la Colombie Britannique, où ils ont obtenu des concessions de terre, et comme le service militaire n'existe pas sous la forme obligatoire dans les possessions anglaises, ils n'ont pas de difficulté de ce chef. Ils pratiquent également, comme les sectes hindoues des Brahmanes, le respect de toute vie et s'abstiennent absolument de tuer aucun animal. Un Doukhobor n'écraserait pas une chenille, et ils y ont d'autant plus de mérite qu'ils sont surtout jardiniers de profession et on ne comprend pas très bien comment ils réussissent à se débarrasser des insectes qui doivent dévaster leurs récoltes, comme partout ailleurs, sans faire de mal à ces ravageurs ! Il faut croire pourtant qu'ils ont résolu ce problème et mis d'accord leur conscience et leur intérêt professionnel, car précisément les produits horticoles des Doukhobors sont cotés comme les meilleurs de tout le pays.

IV. — LES MORMONS

Cette secte religieuse ne devrait pas avoir place dans cet exposé, car les Mormons ne sont pas du tout communistes. Mais comme on le croit généralement, il convient, ne fût-ce que pour réfuter cette idée qui est courante, de donner sur eux quelques brefs renseignements.

Les Mormons, ou pour les appeler par leur vrai nom, « les Saints du dernier jour », peuvent être considérés comme les Juifs des États-Unis d'Amérique et comme ayant voulu tenter, bien avant les Sionistes, la restauration du royaume d'Israël, au bord de cette autre Mer Morte qui est le Grand Lac Salé. Ce fût en 1829 qu'un

jeune aventurier, de 24 ans, nommé Joseph Smith se
mit à imiter, ou, pour mieux dire, à singer Moïse,
d'abord en prétendant avoir reçu comme lui une révélation directe de Dieu, sous forme de deux tables d'or
qu'on ne pouvait lire qu'avec des bésicles magiques ;
puis en fondant une religion nouvelle plus ou moins
inspirée de la Bible ; puis en promettant de conduire ses
fidèles à travers le désert, comme avait fait Moïse, à la
Terre promise. Enfin il imita Moïse en ceci aussi qu'il
mourut avant d'être entré dans la Terre Promise. Ce fut
son successeur, Brigham Young, nouveau Josué, qui
conduisit ce peuple de Dieu à travers les déserts du
Far-West — à cette époque c'étaient réellement le désert
— et le voyage dura sinon 40 ans, du moins de longs
mois, jusqu'à ce qu'ils fussent en vue du Grand Lac
Salé. C'est là qu'ils s'arrêtèrent pour fonder la Jérusalem nouvelle, la ville qui est devenue depuis *Salt
Lake City*, la Ville du Grand Lac Salé.

Notez enfin que Brigham Young, comme Salomon,
passa sa vie à construire le Temple.

Mais dans la constitution du nouvel Etat, Brigham
Young cessa de prendre Moïse pour modèle. Il en fit
une théocratie dont le prêtre était le chef suprême, sans
aucun autre contrôle que le Conseil des anciens. Et
quant aux relations sexuelles, il préféra remonter aux
patriarches en établissant la polygamie, condition
nécessaire, paraît-il, pour l'augmentation rapide de la
population de la colonie, d'autant plus que celle-ci ne
pouvait compter sur l'immigration, car la règle des Mormons était, au contraire, l'exclusion absolue des étrangers, des « gentils », des païens, afin de tenir la cité à
l'abri de tout ce qui pouvait la pervertir. Cette règle fut
appliquée avec une férocité incroyable, car toute une
caravane de 120 personnes, hommes, femmes, enfants,
qui traversait leur territoire, fut exterminée. Ce massacre resta longtemps impuni : les Mormons mirent ce
crime sur le compte des Peaux-Rouges, mais il fut
prouvé que c'était eux qui avaient dirigé les Peaux-

Rouges, si même ces Peaux-Rouges n'étaient pas simplement des Mormons déguisés. Enfin, l'un des criminels, longtemps après, fut poursuivi et condamné à mort par un jury indépendant.

Mais les Mormons ne furent jamais des communistes. Ils se partagèrent la terre en arrivant, comme avait fait Josué entre les douze tribus d'Israël, et devenues propriétaires de la terre par parts égales, les familles gardèrent cette propriété. Puis, de propriétaires, ils se firent plutôt marchands, en quoi leur histoire se rapproche encore beaucoup de celle des Juifs, et nombre d'entre eux s'enrichirent.

En 1869, le grand chemin de fer transcontinental qui traverse les Etats-Unis passa par la Ville du Grand Lac Salé. A partir de cette date l'isolement de l'Etat des Mormons cessa, bien malgré lui, et il ne put plus conserver sa physionomie originale.

Cependant il se fit reconnaître comme un Etat indépendant, l'Etat de l'Utah, afin de garder son autonomie comme les autres Etats de l'Amérique du Nord, ce qui permit aux Mormons de conserver pendant un certain temps leur législation et même leur polygamie. Et même quand elle fut abolie légalement, il était bien difficile de l'empêcher en fait, car la polygamie chez les Mormons ne se pratiquait pas sous la forme du harem, comme chez les Musulmans ; chaque femme avait sa maison et son ménage séparé. Or ce genre de polygamie existe plus ou moins dans tous les pays.

Aujourd'hui les Mormons sont rentrés dans le grand flot de la population américaine, mais ils ont gardé leur religion, et même ils ont des missionnaires qui amènent encore aujourd'hui de nombreux convertis à la secte des Mormons. Ils en trouvaient beaucoup parmi les femmes, même quand ils pratiquaient ouvertement la polygamie.

V. — Quelques Autres Communautés

Les quatre que nous venons de décrire sont les principales, mais on peut en trouver encore quelques autres.

Voici les « Inspirationnistes », qui sont à Amana, dans l'Etat d'Iowa, et qui vivent encore aujourd'hui. Ils sont d'origine allemande, comme ceux d'Harmony. Ils datent de 1848 ; ils comptent donc déjà plus de trois quarts de siècle d'existence. Ici aussi il n'est pas besoin d'expliquer ce terme d'Inspirationnistes ; ce sont ceux qui reçoivent le Saint-Esprit, lequel n'a pas été réservé uniquement aux apôtres, le jour de la Pentecôte, mais est encore distribué, à de longs intervalles, à quelques élus. Seulement, il s'agit de reconnaître ces élus et de leur obéir. L'inspiré, ici, c'était un ouvrier charpentier, Christian Metz. Quant au nom d'Amana, il est pris dans le Cantique des Cantiques : « regarde-moi du sommet de l'Amana dans le Liban ».

Mais Christian Metz est mort et n'a pas laissé d'autre inspiré. Cependant, la colonie a continué ; aux dernières nouvelles, elle vivait encore et même était très prospère comme entreprise agricole — trop, puisqu'un partage du domaine semblait imminent.

Vaut-il la peine de citer cette autre qui s'inspire de la religion persane ? Les religions de l'Orient et leurs mystères sont assez à la mode aujourd'hui. Elle a été fondée en 1889 par un médecin américain, qui fut sans doute suggestionné par le nom qu'il portait, Cyrus, à moins que ce ne fût un pseudonyme qu'il se fut donné. C'est celle où le caractère de folie est le plus marqué ; par exemple, elle enseigne que la surface de la terre est concave et non pas convexe, et que nous habitons à l'intérieur : que c'est une pure illusion des sens qui nous fait croire que nous sommes à la surface du globe. Ses adeptes en donnent même une démonstration géométrique que nous renvoyons aux disciples d'Einstein. Passons.

Et parmi celles beaucoup plus nombreuses qui ont disparu, en est-il qui vaillent la peine d'être tirées de l'oubli ?

On peut rappeler une des plus anciennes, celle-ci fondée non par des Anglais mais par des Allemands.

En 1797, un nommé Rapp, avec quelques protestants exaltés, se sépara de l'Eglise luthérienne et ils prirent eux-mêmes le nom de Séparatistes. Persécutés, comme l'avaient été les Shakers — c'est la même histoire que celle de la Mère Anne — ils décidèrent, eux aussi, à partir pour l'Amérique, arrivèrent dans l'Etat de Pennsylvanie en 1805 et, comme les Shakers, ils fondèrent une communauté à laquelle ils donnèrent le nom d'*Harmony*. Cette communauté a duré près d'un siècle. Elle a passé par les mêmes vicissitudes, un peu plus accentuées peut-être, que celles des Shakers. Elle a dû souvent déménager ; après s'être installée tout près de New-York, elle se transporta dans l'Indiana. Mais, en 1824, les Harmonistes, ne se trouvant pas bien dans cette seconde résidence, vendirent le domaine à un riche industriel anglais, Robert Owen, qui le racheta pour y fonder une communauté socialiste dont nous parlerons plus loin ; et ils allèrent fonder un troisième établissement qu'ils appelèrent *Economy*, près de Pittsburg, la grande ville industrielle, mais qui n'était alors qu'un village.

Les Séparatistes pratiquaient, eux aussi, le communisme absolu et aussi le célibat ; et même dans des conditions encore plus rigoureuses que les Shakers, puisqu'il était imposé entre époux ! car le mariage n'était pas défendu et les mariages existants n'étaient pas rompus dans la communauté d'Harmonie, il ne semble même pas qu'il y eut séparation de fait, seulement les époux devaient se conformer au conseil de Saint Paul qui dit : « que ceux d'entre vous qui sont mariés vivent comme s'ils ne l'étaient pas ». Et pourtant, malgré l'effort imposé par une telle épreuve, il ne semble pas qu'au cours de tout un siècle, aucun scandale ait troublé la communauté qui avait porté le beau nom d'Harmonie. Elle a fini en 1900.

Mais elle a laissé deux filles plutôt dissidentes : Aurora et Béthel. Car, en 1831, il y eut un schisme et sur 750 membres, un tiers alla fonder une autre colonie à Béthel, mais toujours dans la même région, dans l'Ohio ; et plus tard il y en eût une seconde, Aurora.

§ 2. — Caractères généraux et échecs de ces communautés.

Quels sont les caractères généraux de ces associations communistes ?

Celui qu'il faut indiquer en première ligne, parce qu'il domine tous les autres, c'est l'inspiration religieuse.

Dans toutes nous voyons un homme, ou une femme, qui se déclare inspiré, qui se présente comme un Messie, un prophète, ou tout au moins un apôtre, et qui groupe autour de lui un noyau de fidèles. C'est un phénomène très fréquent dans l'histoire des religions, bien qu'il paraisse à première vue invraisemblable : il montre qu'il est relativement facile de fonder une religion nouvelle.

Cet inspiré trouve toujours des disciples prêts à lui obéir comme a un chef ayant reçu l'esprit de Dieu. C'est ainsi qu'à chacune de ces associations est attaché le nom d'un homme — ou d'une femme : aux Shakers, la Mère Anne ; aux Séparatistes, le Père Rapp ; aux Perfectionnistes, le Père Noyes ; aux Inspirationnistes d'Amana, le charpentier Christian Metz ; aux Doukhobors, Vérégine. Quand ce fondateur meurt, parfois l'association meurt avec lui, mais souvent aussi il trouve un successeur ; parfois c'est presque une dynastie, ainsi chez les Doukhobors, les Vérégine se succédaient et portent des numéros d'ordre comme les rois d'un même nom : actuellement, c'est le VII° du nom. Il en est d'ailleurs de même de toutes les associations au monde. On dit parfois que les associations tuent l'individu : c'est absurde. Toute association, quelle qu'elle soit — non seulement les associations communistes mais la plus modeste société de secours mutuels, tout syndicat, toute coopérative — doit sa naissance à quelque individu qui l'a créée, qui la soutient, qui la fait vivre ; et si elles ne trouvent pas l'homme qu'il faut, elles ne germent pas. Mais même si elle a la chance de trouver l'homme, il arrive souvent dans les associations laïques que l'individualité créatrice ne réussit pas à conserver le pouvoir ; elle est discréditée, critiquée, abandonnée, et la société tombe dans l'anarchie. Il en est généralement autrement des associations à caractère religieux. Même si le fondateur est excentrique, même s'il est fou, il peut exercer sur son petit groupe un pouvoir souverain.

Ces associations, à la différence des communautés socialistes que nous verrons dans la prochaine leçon, ne sont pas animées d'un esprit révolutionnaire mais d'un esprit d'obéissance dans la parole de Dieu. Le communisme, pour elles, n'a pas en vue le renversement de la société actuelle ; il n'est pas un but. C'est un moyen de préparer à la vie supra-terrestre.

Dans la communauté d'Amana, ce programme est exposé sous la forme d'un tableau, en deux colonnes juxtaposées :

Apostasie,	Confession,
Athéisme,	Foi,
Adoration de Mammon,	Adoration de Jésus-Christ,
Propriété privée,	Communisme,
Mort.	Immortalité.

Aussi le communisme est-il pour eux un des articles de leur confession de foi : c'est l'obéissance à un commandement religieux, et qui a été pratiqué dès l'origine du Christianisme comme il est dit dans les Actes des Apôtres (chapitre II, versets 44-45).

« Tous ceux qui croyaient étaient ensemble, dans le même lieu et avaient toutes choses communes. Ils vendaient leurs biens et distribuaient le tout, selon le besoin que chacun en avait. »

La signification de ce texte a été très discutée ; il semble qu'il s'agisse plutôt d'une forme d'assistance, notamment sous forme de repas en commun dans lequel se célébrait la Sainte-Cène ; mais les communautés religieuses le prennent à la lettre.

Toutefois, il y a des degrés dans le communisme, depuis le communisme complet jusqu'à ce qui est simplement le coopératisme.

Il y a en effet trois zones concentriques, pour ainsi dire, dans lesquelles le communisme peut se réaliser : dans la production, dans la répartition, dans la consommation. Et le communisme n'est pas nécessairement réalisé dans les trois.

La coopération dans la production, partielle ou même totale, ce n'est pas du communisme. Voilà une société dans laquelle on adopte le régime de la propriété privée. Chacun est propriétaire de sa parcelle, la cultive et en garde les fruits. Seulement, il est lié aux autres propriétaires par les liens de diverses associations : association pour la vente des produits, association pour l'achat, association de culture. Or ceci n'est pas le communisme, c'est le coopératisme tel qu'il est réalisé dans quelques pays, très imparfaitement en France, mais beaucoup mieux dans les associations de culture en Espagne sous le régime de ce qu'ils appellent « la colonisation intérieure » ; et aussi en Roumanie, depuis la réforme agraire, qui a divisé la terre entre les paysans.

Même là où la terre cesse d'être propriété individuelle et est devenue propriété de la communauté, néanmoins si chacun cultive son lot, en garde les fruits et vit dans son ménage, alors c'est encore la coopération et ce n'est pas le communisme. C'est ce système qui est pratiqué dans les colonies Sionistes de Palestine, dite à forme individualiste, par opposition à celle franchement communiste. La terre n'appartient pas aux colons, mais au Fonds National Juif. Nous en parlerons à la fin de ce cours. Et de même dans toute la Russie Soviétique, où toute la terre est propriété nationale mais où le paysan cultive à son gré sous certaines restrictions toutefois.

Faisons un pas de plus. Voici une colonie où non seulement la propriété du sol appartient à la communauté, mais où les produits du travail individuel sont versés dans la communauté. Ici, il y a communisme non seulement dans la production mais dans la répartition, puisqu'il n'y a point de répartition, point de partage, point d'attribution individuelle.

Cependant, ce n'est pas encore le régime communiste intégral s'il n'y a pas communauté dans la consommation ni dans l'habitation, si chacun peut vivre dans sa maison, par ménages.

De ces communautés, les unes ont l'aspect de maisons collectives, tandis que d'autres ont plutôt l'aspect de villages, de cités-jardins. Amana est un groupement de cinq villages.

Plusieurs des sociétés dites communistes, dont nous avons prononcé les noms, en sont restées à ce degré intermédiaire où chaque famille a sa maison et son ménage. Chacun verse le produit de son travail dans la caisse commune et c'est la communauté qui répartit le produit total ; elle a de grands magasins et elle donne à chaque ménage ce qui est nécessaire pour ses besoins. Tel est le cas dans la communauté d'Amana (des Inspirationistes). Par exemple on annonce le matin qu'on vient de tuer un bœuf, que ceux qui veulent de la viande viennent en chercher ! Chacun se rend chez le boucher communal et reçoit gratuitement la portion qui lui est nécessaire. Il y a cependant aussi des cuisines collectives.

Il y a certaines de ces communautés qui ne donnent que les denrées alimentaires à chaque famille, mais ne fournissent pas les vêtements, ni le mobilier ; elles donnent une somme d'argent jugée suffisante pour les besoins. C'est ainsi que la communauté d'Amana donnait autrefois 50 dollars à chaque homme ou à chaque femme, et 10 dollars pour chaque enfant ; mais ces chiffres remontent à 50 ans, ils ont dû être modifiés depuis : peu importe. En tout cas, la somme allouée est calculée en conformité de la discipline sévère qui règne dans toutes ces comuunautés et qui interdit toute dépense de luxe.

Si restreinte que soit cette part de propriété, elle implique l'existence de magasins privés dans la communauté. En effet, dans la communauté d'Amana, par exemple, on trouve des magasins privés, où l'on peut acheter des vêtements et divers objets. Ces magasins sont généralement assez bien approvisionnés et donnent à ces communautés l'apparence d'agglomérations urbaines ordinaires.

Enfin, il y a le dernier degré du communisme, celui qui embrasse non seulement la production et la répartition des produits, mais la consommation : une même maison, une même table, comme dans les couvents, les lycées pour les pensionnaires, dans les casernes et, d'ailleurs, comme dans tous les hôtels-pensions. Il n'y a donc rien là d'extraordinaire ni d'effrayant.

Quand je dis que le communisme dans la consommation et dans l'habitation est le dernier degré du communisme intégral, il faut s'entendre, car ce n'est vrai qu'autant que cette communauté dans la consommation se superpose au communisme dans le travail et dans la répartition, car, à elle seule, elle n'implique pas le communisme. C'est ainsi que nous avons en France un établissement célèbre, le Familistère de Guise, qui a été créé par Godin, un disciple de Fourier, où les ouvriers vivent réunis dans un même établissement, mais chaque famille vit dans un appartement séparé et il n'y a que certains services généraux qui soient collectifs.

On pourrait concevoir un degré encore plus avancé du communisme : c'est la communauté des femmes.

Nous avons vu qu'elle n'a été réalisée dans aucune de ces colonies mais que pourtant dans celle d'Oneida on n'en était pas bien loin.

Mais en général, ce qui caractérise ces associations c'est un gouvernement des mœurs, et non pas seulement un gouvernement politique. La discipline y est extrêmement sévère, parfois dans l'esprit puritain mais souvent aussi sous des formes originales dont quelques-unes méritent mieux que d'être simplement tournées en ridicule. Le régime des relations entre les deux sexes se présente sous des formes très diverses. Certaines communautés sont composées de célibataires, comme les Shakers ou les Rappistes, avec cette particularité parfois que les célibataires des deux sexes habitent le même établissement mais où ils sont cependant séparés les uns des autres, et d'autres, comme chez les Perfectionnistes d'Oneida, où, le mariage étant permis, le célibat est néanmoins imposé même aux époux.

Les communautés qui n'imposent pas le célibat laissent-elles en sens inverse toute liberté au commerce des sexes ou imposent-elles une réglementation de la natalité ? Car s'il y a danger pour elles à finir faute de recrutement, il y a le danger, en sens inverse, d'un accroissement trop rapide de population qui dépasserait leurs ressources et que le régime communiste, en supprimant toute responsabilité pour les parents, risquerait de stimuler ? Quoique nous n'ayons pas trouvé de déclaration formelle sur ce point, il semble bien que la restriction de la natalité y est pratiquée.

L'union des sexes y est considérée comme n'ayant d'autre but que l'intérêt social, et par conséquent elle ne doit être permise — ou ordonnée — que dans la mesure où elle paraît répondre à l'intérêt de la communauté.

On sait que ces doctrines sont préconisées non pas seulement par les sectes communistes mais par ce qu'on appelle les eugénistes. Il y a toute une école, en Angleterre et aux États-Unis, qui tient des congrès et publie des revues pour enseigner ce qu'on appelle la reproduction consciente, rationnelle et scientifique.

Il faut avouer cependant qu'il y a quelque chose de répugnant à voir ces communautés devenir ainsi, si j'ose dire, des espèces de haras, où l'union sexuelle est surveillée comme celle des chevaux, de façon à empêcher que ce but supérieur, la reproduction de l'espèce, soit compromise par l'aveugle amour. Il est vrai que la mythologie le représente avec un bandeau sur les yeux, mais mieux vaut encore le voir ainsi que portant les lunettes de l'hygiéniste.

Et maintenant, quelles conclusions allons-nous tirer de ces expériences ?

Il y a eu des échecs très nombreux, puisque j'ai dit en commençant qu'il était né des centaines de ces associations communistes et qu'un très petit nombre seulement, une douzaine subsistent aujourd'hui.

Pourquoi ont-elles échoué ? Leur mort n'est pas due, semble-t-il, aux causes que les économistes avaient annoncées. Ils avaient dit : Elles échoueront, parce que tout homme répugne à vivre en communauté, parce qu'ils se disputeront les rations assignées. Eh bien ! non. Il est très rare qu'il y ait eu des difficultés dans ces communautés sur les questions d'intérêt — du moins celles d'origine religieuse : il n'en sera pas de même des autres.

Il y en a pourtant quelques exemples. Dans la communauté d'Amana, l'un des associés vient se plaindre au directeur, Christian Metz, et lui dit :

« Mon travail a rapporté cette année 1.000 dollars à la communauté, tandis que celui de tel camarade n'en a rapporté que 250 ».

Et que répond le directeur ?

« Je lui répondis : Remerciez Dieu de ce qu'il vous ait fait si habile afin de vous permettre d'aider votre frère ; et priez-le que votre frère n'ait pas un jour à faire la même chose pour vous quand vous serez devenu infirme et invalide. »

J'ai déjà dit qu'un certain nombre n'avaient pu survivre à la mort de leur fondateur. En tout cas, à sa mort, c'est une période très critique qui s'ouvre pour la communauté. Il est très rare que ces petits Césars aient la prévoyance, ou la possibilité, ou même le désir, de désigner à temps un successeur.

Quelques-unes, mais pourtant en petit nombre, ont fini en versant dans le capitalisme et dans l'industrialisme. La plus avancée de toutes, celle dont nous avons rapporté les extravagances, celles des Perfectionnistes d'Oneida, est dans ce cas. Elle a abandonné dès 1879 le système du mariage libre, quoique cet abandon n'eut d'autre raison, dit-elle, que de donner satisfaction à l'opinion publique mais sans impliquer un désaveu de l'excellence de cette méthode — et plus tard, la communauté d'Oneida a fini par devenir une société par actions : elle n'est plus aujourd'hui qu'une société industrielle.

On dira sans doute que celles-là même qui ont vécu longtemps, ont vécu inutilement, car elles n'ont pas fait grand'chose !... Mais elles ne se proposaient pas de faire de grandes choses : elles n'avaient d'autre but que celui de faire quelques heureux. Y ont-elles réussi ? Il le semble, à en juger par l'extraordinaire longévité de leurs membres que nous avons signalée déjà à propos des Shakers, mais il n'y a pas une de ces communautés où l'on ne signale le fait d'associés arrivant à un âge extrêmement avancé ; Rapp est mort à 90 ans, Noyes aussi ; et les centenaires s'y rencontraient assez fréquemment.

CHAPITRE VII
LES COMMUNAUTES D'ORIGINE SOCIALISTE

Par le fait du hasard, ou plutôt de ce synchronisme bien des fois remarqué, qui fait apparaître à la même heure sur des points différents les mêmes découvertes, les mêmes idées, on a vu naître presqu'à la même date, au commencement du XIX° siècle, en Angleterre et en France deux socialistes, l'un, Robert Owen, né en 1771, l'autre, Fourier, né en 1772, qui, quoique très différents de condition sociale et de physionomie individuelle, exposèrent à peu près le même programme.

Et ce programme c'était précisément la création de communautés plus ou moins coopératives ou communistes.

§ 1. — Owen et Fourier.

Il y avait entre eux de grandes différences de situation. Owen, quoique d'une famille très modeste, fils d'un sellier, devint dès son jeune âge un gros industriel. En Ecosse, où il a vécu plus qu'en Angleterre, à New-Lanark, il créa et dirigea une fabrique qui fit l'admiration du monde entier et qui reçut la visite des plus grands personnages de l'Europe. Elle le méritait bien, puisque Owen y avait réalisé presque toutes les institutions patronales et ébauché toute l'œuvre de législation ouvrière du XIX° siècle.

Pour la première fois, on vit dans cette fabrique de New Lanark les courtes journées de travail, remplaçant les journées de 12 et 15 heures ; les cités ouvrières, avec logements et économats ; la protection du travail des enfants et des femmes ; les installations de salubrité et d'hygiène, telles qu'elles étaient compatibles avec la science du temps ; les salaires généreusement octroyés, à telles enseignes que, pendant la crise du coton qui empêcha la matière première d'arriver d'Amérique et qui fit fermer toutes les filatures d'Angleterre et d'Ecosse pendant plus de trois mois, Owen continua à payer à ses ouvriers l'intégralité de leur salaire.

On appréciera d'autant plus ces réformes si on pense qu'elles étaient réalisées au moment le plus sinistre de l'histoire du travail. Jamais l'ouvrier n'a été plus misérable que dans cette période de temps qui a suivi la découverte des machines et qui va de la fin de xviiᵉ siècle au milieu du xixᵉ siècle.

Vous savez que la découverte de la machine à vapeur, en 1772-1775, fut suivie d'une servitude épouvantable de la classe ouvrière. Pour ne citer qu'un seul exemple, les enfants, dont Owen s'occupa plus particulièrement, étaient employés au travail depuis l'âge de six ans, et pendant douze heures, non seulement le jour mais la nuit ; et comme on n'en trouvait pas assez parmi ceux qui avaient leur père et leur mère, on ramassait les enfants orphelins de l'Assistance publique pour les mettre dans les usines. Eh bien ! Owen ouvrit des écoles pour tous les enfants de ses ouvriers, jusqu'à l'âge de douze ou treize ans.

Fourier était un employé de commerce (1); il s'appelle lui-même un sergent de boutique. Cependant, grâce à un petit héritage, il put vivre ensuite comme un modeste rentier. Il n'y avait rien dans sa personne qui fût révolutionnaire, pas plus que chez Owen. Owen était très fier de vivre avec les grands personnages et de recevoir des visites de princes et d'ambassadeurs ; Fourier, plus modeste, a attendu toute sa vie un capitaliste, qui d'ailleurs n'est jamais venu. Il était tout ce qu'on peut imaginer de plus bourgeois, non pas même grand bourgeois, toujours très correct, tiré à quatre épingles, portant cravate blanche, mais très gourmand, très paillard, pas mal chauvin, aimant à suivre les retraites militaires et assez fier de Napoléon.

Pourtant l'un et l'autre, comme je le disais, sont arrivés avec un programme presque identique de communisme socialiste, qui a effrayé terriblement leurs contemporains et qui, pour l'un et l'autre, était pourtant très débonnaire.

Car ni l'un ni l'autre n'avaient la pensée de cher-

---

(1) Pour plus de détails sur Fourier, voir notre Cours : *Fourier, précurseur de la Coopération* ; et sur Owen, voir le livre de Dolléans : *Owen.*

cher dans la révolution la solution de la question sociale. Ils avaient été dans leur première jeunesse contemporains de la Grande Révolution de 1789 et en avaient gardé l'effroi. Ils ont donc cherché l'établissement d'une société nouvelle par les moyens les plus pacifiques.

L'un et l'autre sont dominés par cette idée que la civilisation, l'ordre économique, comme on l'appelle, est un milieu détestable, qui rend les hommes mauvais, égoïstes, profiteurs, et qu'il suffirait de changer ce milieu pour que l'homme devînt naturellement bon, fraternel et désintéressé.

Il s'agit donc de créer ce milieu, non pas, comme les communistes russes actuels, en faisant table rase du capitalisme, mais en créant de petites communautés, qui seront des microcosmes portant en eux tous les caractères de la société idéale.

Et voici comment s'exprimait Fourier, dans une phrase qui donnera une idée de son style.

Après avoir décrit son petit monde, son phalanstère — le mot est célèbre — il dit :

« Si nous pouvions voir subitement cet ordre combiné tel qu'il sera en pleine activité, il est hors de doute que beaucoup de civilisés seraient frappés de mort par la violence de leur extase et de leurs regrets, en voyant tant de bonheur dont ils auraient pu jouir. »

Et Owen, sous une forme moins lyrique, exprime exactement la même idée :

« Le caractère, la conduite des individus formés d'après le nouveau système (son système de la communauté), sera bientôt la preuve vivante de sa supériorité. Il ne se formera pas une seule de ces associations sans qu'elle n'inspire le désir d'en former d'autres. Elles se multiplieront rapidement et l'ancienne société ne tardera pas à disparaître. » (1).

____

(1) Cité par Dolléans, dans *Owen*, p. 810.

C'est exactement le même idéal et la même méthode. Et cette parenté se retrouve dans les détails.

Comment se réalisera ce nouveau milieu, cette communauté ? Sous la forme agricole. Pour l'un et pour l'autre, il faut retourner à la terre ; ce n'est pas dans les villes ni dans l'industrie qu'on pourra faire ces expérimentations.

De plus, il faut que cette communauté agricole soit peu nombreuse, parce qu'il sera évidemment plus facile de réaliser ce monde en petit qu'en grand.

Ils sont même à peu près d'accord sur le chiffre ; Fourier dit qu'il faut 1.620 personnes. La précision arithmétique de ce chiffre paraît bizarre : elle s'explique par les calculs où se plaît le génie fantasque de Fourier : il compte, pour chaque homme, un certain nombre de caractères, de passions, et il faut que le nombre total des habitants corresponde à des multiples exacts des caractères individuels ou familiaux, etc...

Owen, lui, dit 1.200 personnes ; il n'y a pas grande différence.

Même accord quant à l'étendue du territoire nécessaire à la colonie : 1.600 hectares pour Fourier ; un peu moins pour Owen.

Enfin il faudra naturellement une maison commune pour faire vivre cette colonie : Fourier lui a donné le nom devenu fameux de phalanstère ; Owen n'a pas de nom particulier et il empruntera aux Rappistes celui de Nouvelle Harmonie.

L'un et l'autre attachent une grande importance à l'installation de cette maison commune, surtout Fourier. Son livre « Association Domestique Agricole » comprend deux volumes de 600 pages chacun, dont la plus grande partie est consacrée aux détails les plus minutieux de ce futur ménage.

Il ne faudrait pourtant pas croire qu'Owen et Fourier se soient emprunté leurs idées.

Owen, qui était riche et célèbre, a profondément

ignoré ce petit employé de commerce et n'a jamais attaché la moindre importance à ses élucubrations. Quant à Fourier, il détestait Owen pour beaucoup de raisons : et d'abord parce qu'il était Anglais, et que, comme tous les bons Français du commencement du xix° siècle il haïssait la perfide Albion, mais aussi parce que Fourier détestait les marchands et que pour lui l'Angleterre était le pays des marchands.

Mais, en regard de ces ressemblances entre Owen et Fourier, il faut signaler une différence et qui est grande. C'est que des deux, le vrai communiste a été Owen, le grand industriel capitaliste, tandis que Fourier, contrairement à ce qu'on pourrait croire, n'a été nullement communiste mais simplement coopératiste.

Ce qu'on appelle le communisme de Fourier s'appliquait au travail, à la production, à l'habitation, à la vie quotidienne, mais nullement à la propriété des capitaux.

La société de Fourier, la Phalange, est une société par actions. Chaque sociétaire est propriétaire de sa part de capital et touchera des dividendes, c'est-à-dire des profits, et même, assure Fourier, des dividendes de 40 à 50 % !

Au contraire, Owen avait l'horreur du profit. Ce grand industriel, qui avait fait une grosse fortune, disait que le profit est le cancer du corps social ; et le principal but de ces communautés c'était de l'extirper absolument.

Voilà les doctrines, voyons les réalisations.

§ 2. — Les colonies owenistes.

Il peut paraître singulier qu'un industriel qui était si expérimenté en affaires, un *business man*, ait eu l'idée de fonder des colonies communistes. Mais il était très logique en ceci, étant donnée l'idée qu'il se faisait de la nature humaine : on ne pourra l'améliorer qu'en créant un milieu nouveau, où elle sera cultivée dans des conditions spéciales et notamment avec exclusion de toute pensée de lucre. Il s'agit donc, et c'est le titre d'un de ses ouvrages, de créer « Le Nouveau Monde Moral ». Et naturellement il a pensé que ce n'était pas dans la fabrique de New-Lanark, quels que fussent les perfectionnements et les améliorations apportées, que ce nouveau milieu pourra être constitué. Pour faire éclore l'homme nouveau il faut un milieu nouveau : il faut lui faire un nid.

Il chercha à le faire d'abord en Ecosse. Un de ses disciples organisa la colonie de Orbiston, mais elle n'a duré que trois ans, de 1826 à 1830.

Pour trouver un terrain proprice, il se décida à aller dans le nouveau monde.

Il partit donc pour l'Amérique en 1825. Il y trouva un milieu déjà préparé, dans une des communautés d'inspiration chrétienne dont j'ai déjà parlé, celle fondée par l'Allemand Rapp et qu'il avait nommée Harmony. Mais, pour diverses raisons, il ne s'y était pas trouvé bien et avait décidé d'émigrer. Il fut donc très heureux de trouver l'occasion de la vendre à Owen. Une colonie communiste d'occasion, à acheter à bon compte, cela ne se trouve pas partout ! Owen l'acheta donc et lui donna tout naturellement le nom de New Harmony. Il n'avait pas l'intention de quitter l'Ecosse pour y vivre lui-même, mais il y installa ses fils, sa famille et un assez grand nombre de disciples. Car, comme Owen était connu dans le monde entier, cette expérience eut un grand retentissement.

Mais ceux qui habitèrent à New Harmony n'étaient pas, comme les habitants des colonies que nous avons vues jusqu'à présent, des hommes pieux, des inspirationnistes ; c'étaient au contraire des libres-penseurs. Ils venaient, comme disait l'un d'eux, chercher dans New Harmony « un foyer d'athéisme éclairé ». Owen, en effet, était libre-penseur, non avec la signification que ce mot comporte aujourd'hui en France, celle d'anticlérical, mais simplement celle d'incrédule, de non chrétien. Il avait été d'abord soutenu par les Quakers ; quand il acheta les usines de New-Lanark, c'étaient les Quakers qui lui avaient prêté l'argent. Mais les Quakers ne tardèrent pas à se séparer de lui du jour où ils le virent, dans cette école d'enfants dont je parlais tout à l'heure, instituer ce qu'on appelle aujourd'hui l'école laïque, innovation qui trouva en Angleterre une sévère désapprobation.

Il voulait donc, dans cette nouvelle colonie de New-Harmony, réaliser une société non seulement communiste, mais laïque.

Une première constitution fut votée au mois de mai 1825. C'était naturellement une constitution démocratique. Cependant, Owen se réserva prudemment la présidence de droit, pendant la première année : les élections ne devaient avoir lieu que la seconde année.

Il ne resta que quelques mois et quand il crut que la colonie était solide, il repartit pour l'Angleterre.

Mais, aussitôt parti, rien ne marcha et Owen fut obligé, dès la même année, de revenir à New-Harmony pour tâcher de remettre un peu d'ordre dans la colonie.

Ce n'était pas facile, parce qu'il était venu des gens d'un peu partout et de toutes sortes, sans lien réel entre eux, sans esprit de solidarité : on récrimina tout de suite parce que les uns travaillaient tandis que les autres ne faisaient rien. On essaya de faire afficher le nombre d'heures de travail effectué par chacun ; c'était une espèce de sanction morale ; on ne pouvait en imposer d'autre.

Mais cet affichage fut inefficace ; la désorganisation continua. Owen lui-même ne réussit pas à ramener l'harmonie dans cette colonie de New-Harmony qui faisait si peu d'honneur au nom qu'elle portait.

Il y eut des scissions ; il se forma des petits groupes qui préférèrent s'établir, à droite et à gauche, et travailler pour leur propre compte.

Il y eut même des expulsions.

Mais il est inutile d'entrer dans les détails de toutes

ces misères. Il suffit de dire que, au mois d'avril 1827, Owen partit pour la seconde fois pour retourner en Angleterre.

Mais ne croyez pas qu'il partit parce que découragé. Point du tout ! Il écrivait :

« Le système social est maintenant solidement établi. Nos expériences passées ont développé des moyens faciles et naturels de former des communautés. » (1).

Voilà un bel exemple d'optimisme à toute épreuve !

Toutefois, quand il revint pour la troisième fois, il fut contraint à reconnaître que «l'expérimentation avait été prématurée », ce qui ne voulait pas dire qu'il fallût y renoncer, mais seulement l'ajourner.

Il semble pourtant en être arrivé à reconnaître qu'il ne suffit pas de créer le milieu pour changer l'homme mais qu'il faut d'abord changer l'homme, c'est-à-dire former des caractères, avant de former le milieu, ou, tout au moins, changer les deux simultanément.

Il dût reconnaître aussi qu'il aurait fallu une sélection plus stricte pour fonder sa communauté.

Et pourtant il partit pour le Mexique pour fonder une autre colonie dans le Texas. Mais le gouvernement Mexicain s'étant refusé à concéder le terrain qu'il demandait, il dût retourner en Angleterre.

Je ferais remarquer en passant quel merveilleux voyageur était Robert Owen ! Il a, en quelques années, traversé six fois l'Atlantique, à une époque où le voyage d'Angleterre à New-York durait trois semaines ou un mois.

A partir de ce moment, Owen renonça à fonder des communautés. Il vécut longtemps encore, puisqu'il n'est mort qu'à 87 ans, en 1858. Mais dans la seconde moitié de sa vie il s'occupa uniquement de questions d'éducation sociale et de législation ouvrière (2).

---

(1) Cité par Dolléans, Owen, p. 257.

(2) Pour plus de détails sur les fondations d'Owen, voir le livre déjà cité de M. Dolléans.

§ 3. — Les colonies fouriéristes (1)

En 1890 on vit une colonie fondée au Mexique dans la baie de Topolobambo par Albert Owen qui était, je pense, un descendant du socialiste anglais. Cette colonie paraît avoir été un bizarre assemblage de communisme oweniste (des bons de travail remplaçant la monnaie) et de spéculation capitaliste — concession d'une ligne de 1.500 kilomètres de chemins de fer, de canaux, création d'une ville modèle *Pacific City*, — mais tout cela, semble-t-il, s'est évanoui.

Fourier, à la différence d'Owen, n'a pas eu l'occasion ni les moyens de fonder une communauté en France ou au Nouveau Monde. Il l'aurait bien voulu ! il a passé sa vie à attendre que la fortune vînt, sous la figure d'un capitaliste philanthrope, lui permettre de réaliser son rêve. Quelques-uns de ses disciples l'ont essayé pour lui. Il y a eu en 1833, à Condé-sur-Vesgres, dans la Seine-et-Oise, un essai de phalanstère dont il reste aujourd'hui non seulement quelques ruines mais aussi une maison de campagne dans laquelle les fidèles disciples de Fourier, qui survivent encore, vont passer quelques semaines de vacances.

Un peu plus tard, en 1841, à Citeaux, près de la célèbre et antique abbaye, un Anglais, Young, essaya aussi de créer une communauté fouriériste, mais cette expérience fut poussée encore moins loin que celle de Condé.

Il faut dire que Fourier a désavoué lui-même toutes ces expérimentations. Elles ne pouvaient réussir, disait-il, qu'à la condition d'être absolument conformes au modèle qu'il en avait tracé. Et il a même fort malmené les architectes et faiseurs de plans qui avaient eu la prétention d'agir sans lui.

Mais il y eut des essais de réalisation assez nombreux aux Etats-Unis.

---

(1) L'histoire de ces expérimentations fouriéristes a été faite déjà avec plus de détails dans notre Cours : *Fourier, précurseur de la Coopération.*

En 1841, c'est-à-dire peu d'années après la mort de Fourier (mort en 1835), il s'était fondé aux Etats-Unis une colonie communiste, mais qui, à la différence de celles dont j'ai parlé dans les précédentes leçons, n'était pas d'inspiration religieuse. C'était une société d'intellectuels, précurseurs de Tolstoï, qui pensaient qu'il fallait apprendre aux hommes, et tout particulièrement aux intellectuels, à ne pas se faire nourrir en parasites par la classe ouvrière, mais à se nourrir eux-mêmes du travail de leurs mains. Cette société, dite Brook Farm, n'avait pas un programme très défini et elle cherchait sa voie.

Sur ces entrefaites, un Américain, aujourd'hui un peu oublié mais alors bien connu, non seulement en Amérique mais en France, comme apôtre social — et dont un professeur au Collège de France, Laboulaye, a souvent ici propagé les idées — Channing, était en voyage en France. Il s'enthousiasma des idées et du programme de Fourier et, dès son retour aux Etats-Unis, il présenta le fouriérisme comme répondant aux desiderata des colons de Brook-Farm. Ceux-ci crurent avoir trouvé la solution cherchée et essayèrent de transformer leur colonie en un phalanstère, sur le modèle exact décrit par Fourier et dont il avait vainement attendu la réalisation.

Brook-Farm avait déjà attiré un grand nombre d'intellectuels ; c'était devenu presque une Académie. Les noms de certains d'entre-eux sont connus. Il y avait parmi eux un littérateur, Haw Thorn, dont les hommes de ma génération se souviennent avec reconnaissance, pour avoir été charmés par les contes mythologiques qu'ils avait écrits pour les enfants et qui ont été publiés dans la Bibliothèque Rose. C'était là évidemment un milieu d'un ordre bien supérieur à ceux de toutes les autres communautés, mais il manquait d'argent. Et quand on voulut créer le phalanstère, il fallut en trouver.

Ils demandèrent à emprunter un capital de 30.000

dollars, ce qui eût été tout à fait insuffisant pour créer le Phalanstère rêvé par Fourier. Mais ils ne trouvèrent que 8,000 dollars, ce qui montre que ces esthètes n'avaient pas beaucoup de crédit dans le monde de la finance.

Cependant, avec ce petit capital, ils réussirent à créer une miniature de phalanstère, avec ses principaux caractères, notamment l'organisation du travail par groupes sympathiques. Mais ils ne purent conjurer la mauvaise fortune : le petit phalanstère fut détruit par un incendie en 1846. Alors, n'ayant pas de fonds pour en construire un autre, ils renoncèrent à continuer l'expérience et se dispersèrent.

Cependant, cette expérience a laissé dans l'histoire sociale une trace assez profonde.

Cet échec d'ailleurs n'engendra pas le découragement. On vit éclore, sur d'autres points des Etats-Unis, des communautés fouriéristes ; on en a énuméré 33 et certainement il y en a eu bien davantage. Il faut dire pourtant que de ces 33 un grand nombre n'ont pas duré même une année ; ce n'étaient que des feux de paille, éteints presqu'aussitôt qu'allumés. Cependant, dans le nombre, il y en eut quelques-unes qui ont duré un peu plus longtemps ; une notamment qui dura treize ans ; elle s'appelait « La Phalange (Phalanx) de l'Amérique du Nord ».

Elle fut créée en 1843, par un Américain disciple enthousiaste de Fourier, Brisbane. Ce fut un vrai phalanstère, organisé sinon complètement, du moins en grande partie, comme l'aurait désiré Fourier.

Ceci m'amène à mieux montrer la différence entre le communisme et le coopératisme. Le phalanstère n'est pas une société communiste : ce n'est pas un couvent. On se l'est représenté tel, même les contemporains de Fourier, parce que ce mot de Phalanstère, à raison de sa formation bizarre, a jeté l'effroi dans la bourgeoisie contemporaine de Fourier. Mais, dans la pensée de Fourier, et tel qu'il a été réalisé dans la Phalange du Nord-

Amérique, c'était tout simplement un palace-hôtel, comme il y en a partout aujourd'hui, avec cuisine et table commune. A cette époque il n'y avait dans les hôtels que la table d'hôte, ce qui est en effet une forme assez déplaisante de la communauté, mais Fourier n'aurait certainement pas été hostile au système pratiqué aujourd'hui des petites tables.

Ce qu'il voulait surtout c'était l'économie par la cuisine collective et la préparation collective des mets. Ce qui l'indignait c'était le gaspillage de charbon, de main-d'œuvre qui est nécessité par la vie en ménages isolés. Mais il n'a jamais voulu faire coucher dans des dortoirs ; dans le phalanstère chacun aurait sa chambre ou son appartement, luxueux ou non, selon ses ressources ou ses goûts. La seule différence entre le palace et le phalanstère c'e. t que, dans les palaces il n'y a place que pour les riches, tandis que dans le phalanstère, il y aurait place pour les pauvres et pour les riches, et Fourier tenait beaucoup à ce rapprochement des classes.

Le phalanstère devait avoir cet effet moral de réconcilier les riches et les pauvres. Il y a un verset de la Bible qui dit (Proverbes, Ch. xxii, v. 2) : « Le riche et le pauvre se rencontrent : c'est l'Eternel qui les a faits l'un et l'autre ». Fourier, probablement, ne connaissait pas cette parole et aurait été assez ennuyé d'avoir été devancé par la Bible ; mais tout de même, son Phalanstère c'était cela.

C'était la même installation dans les colonies fouriéristes américaines. Dans la Phalange du Nord, chaque famille ne pouvait pas trouver autant de luxe que l'aurait voulu Fourier, mais disposait de deux chambres et d'un salon. Et même pour les repas, on admit le régime à la carte comme dans les restaurants.

N seulement il n'y avait pas communauté dans la consommation et le logement, mais il n'y en avait pas dans la répartition. Ces communautés américaines étaient constituées sous le régime de toutes les sociétés coopératives, c'est-à-dire de la société par actions. Chaque membre versait le montant d'une ou de plusieurs actions et avait droit à des dividendes. Evidemment ce mot dividendes est tout à fait incompatible avec l'idée de communisme.

La communauté de la Phalange du Nord distribuait des dividendes de 5 et 6 %.

La production seule était faite en commun, mais divisée par groupes, chaque sociétaire étant affecté au travail qui répondait le mieux à ses goûts, à ses désirs. C'était la spécialisation du travail, mais corrigée par la faculté de changer de travail plusieurs fois dans la même journée, si l'on voulait. C'était bien là le principe de l'organisation fouriériste, la répartition du travail par séries. Mais dans le plan de Fourier il fallait que ces séries et sous-séries fussent en grand nombre et pour cela que le nombre des sociétaires fut au minimum de 1.600 pour la réalisation du Phalanstère intégral. Or, dans la Phalange du Nord, ils étaient en trop petit nombre pour réaliser une telle subdivision.

Néanmoins elle ne marcha pas mal, et même on ne sait pas pourquoi elle a disparu. Ce fut par un vote très inattendu, le vote d'une majorité de circonstance, que la dissolution fut décidée. Ce fut une surprise pour tout le monde. Mais enfin, la dissolution étant votée, on n'y revint pas et il fallut vendre le phalanstère. On le vendit dans de très mauvaises conditions, parce que, quand on liquide une entreprise, et surtout une entreprise ayant une affectation aussi spéciale, il n'est pas facile de trouver acquéreur. Et pourtant la liquidation permit de distribuer 65 % aux actionnaires. Il est probable que, sans ce vote de surprise, cette communauté aurait pu durer beaucoup plus longtemps.

Il est possible aussi que la dissolution ait eu pour cause l'application d'un principe égalitaire qui n'était nullement dans le programme de Fourier, à savoir l'égalité des salaires, ou du moins une échelle trop resserrée entre les salaires des ouvriers et ceux des directeurs. C'est ce que font aujourd'hui les Bolchevistes. Sous le régime soviétique, tout chef, tout directeur, quand il est membre du parti communiste, ne peut toucher un salaire supérieur à 150 roubles par mois.

Il y a eu quelques autres colonies d'origine fouriériste sur lesquelles je ne m'arrêterai pas parce que je dois dire que je n'ai sur elles aucun renseignement.

D'abord une colonie fut fondée en 1852 en Amérique, au Texas, par un disciple bien connu de Fourier, Victor Considérant. Il y engloutit toute sa fortune personnelle et celles des actionnaires socialistes qui avaient voulu lui confier de l'argent, environ 2 millions de francs, ce qui était considérable pour l'époque.

On cite quelques autres essais de colonie fouriériste dans l'Amérique du Sud. Un disciple de Fourier, Tandonnet, en a fondé une en 1830, près de Montevideo, mais je crois qu'elle n'a existé que sur le papier.

§ 4. — Colonies Icariennes. (1)

Voici une colonie qui, fondée au milieu du siècle dernier, a duré jusqu'à nos jours et qui est restée célèbre dans l'histoire des communautés socialistes. Elle se distingue de toutes celles que nous avons passées en revue en ceci qu'elle a été fondée et peuplée uniquement par des socialistes français. C'est celle d'Icarie, fondée par Etienne Cabet.

Etienne Cabet ne figure qu'au second plan parmi les grands socialistes du XIXᵉ siècle. Il n'avait ni la hauteur de vues d'un Saint-Simon, ni l'imagination fantastique d'un Fourier, ni l'éloquence d'un Louis Blanc.

---

(1) L'histoire de la colonie icarienne a été traitée à fond par M. Prudhommeaux dans une thèse de doctorat qui épuise le sujet et à laquelle nous ne pouvons que renvoyer le lecteur. Presque tout ce que nous disons ici n'est qu'un résumé du livre de M. Prudhommeaux. L'auteur a fait un voyage d'enquête aux Etats-Unis.

Ce livre sur l'histoire d'Icarie est accompagné d'un autre volume plus petit, qui lui sert d'introduction, mais qui traite uniquement de Cabet, de sa vie et de ses livres, parmi lesquels le seul devenu célèbre est le roman *Voyage en Icarie*.

ni le mysticisme d'un Pierre Leroux, inspirateur de Georges Sand, ni la dialectique d'un Proudhon. C'était un journaliste sans beaucoup de verve, un politicien sans succès, et qui n'eut guère d'autre trait distinctif que de faire toujours de l'opposition à n'importe quel gouvernement. Ce fut sa profession que d'être opposant et même « conspirateur ». Né en 1788, donc à la veille de la Révolution française, il était trop jeune pour en faire sous le Premier Empire ; mais il commença sous la Restauration, où il fut membre d'une société secrète importée d'Italie, qu'on appelait les Carbonari (les charbonniers).

Quand la Révolution de 1830 eût renversé le gouvernement de la Restauration, Cabet se trouva porté au premier plan et pour le récompenser on le nomma procureur général en Corse, ce qui n'est pas un fait ordinaire dans la vie d'un socialiste-communiste. Mais, fidèle à sa vocation, il recommença à faire de l'opposition au gouvernement de Louis-Philippe. Il fut révoqué, poursuivi et même emprisonné.

Il a écrit un très grand nombre d'articles, soit dans son journal qui, dès cette époque, s'appelait déjà « Le Populaire », soit dans des livres assez insipides. Mais comment devint-il communiste ?

Il est probable qu'il a subi l'influence de Babeuf, le grand socialiste-communiste de la Révolution française, exécuté sous le Directoire, et aussi celle d'Owen, dont j'ai parlé à la précédente leçon. Dégoûté de tous les régimes qu'il avait vu passer et tomber devant lui, il pensa qu'il fallait faire une société nouvelle et que cette société ne pouvait être que communiste.

Pour vous donner une idée de son style, voici un passage d'un de ses programmes :

« Remplaçons l'ancien monde par un monde nouveau, le règne de Satan ou du mal par le règne de Dieu ou du bien, les ténèbres par la lumière, l'injustice par la justice, la domination et la servitude par l'affranchissement et la liberté. Substituons le bien-être de tous à l'excessive opulence d'une minorité privilégiée, qui a presque tout sans travailler ; substituons à la vieille religion, mélange de superstition, d'intolérance et de fanatisme, une religion raisonnable, qui porte les hommes à s'aimer et à s'entr'aider. Remplaçons la propriété individuelle, source de tous les abus, par la propriété sociale, commune, indivise, qui n'a aucun des inconvénients de la première et qui est infiniment plus productive pour l'utilité de tous.

« En un mot l'ancienne société a pour base l'individualisme. Donnons pour base à la société nouvelle la fraternité, l'égalité, la liberté communistes. »

Il paraît que cette grandiloquence, insupportable aujourd'hui, avait une certaine prise sur ses contemporains. En tout cas quand un réformateur écrit de cette façon, on ne peut pas s'attendre à ce qu'il devienne jamais un homme pratique.

En effet, il ne l'a été a aucun degré, mais ce fut un homme très dévoué et très désintéressé. Je ne veux pas le diminuer. Après s'être battu pendant toute sa vie pour ses idées, arrivé déjà à la vieillesse — il avait 60 ans — laissant à Paris sa femme et sa fille, sans fortune, il partit pour l'Amérique et alla consacrer le reste de ses forces à cette société d'Icarie dont je vais parler : il y laissa sa vie.

On ne peut pas dire qu'aucun des autres socialistes, quelque supérieurs par le talent, ait donné de telles preuves de dévouement à leur cause.

Mais il y a malheureusement des hommes qui se sacrifient sans utilité. Cabet fut de ceux-là.

Il avait écrit, en 1838, un roman, à l'exemple de « l'Utopie » de Thomas Morus, auquel il avait donné pour titre « Voyage en Icarie », personne n'a jamais pu trouver l'origine de ce nom. C'est un des livres les plus ennuyeux parmi les innombrables de ce même type, les Robinsonnades communistes.

Mais Cabet eut du moins ce mérite de prendre au sérieux son propre roman et se donna pour mission de le réaliser. Il n'a été donné qu'à peu d'autres de réaliser leur livre. Il y a eu un Anglais cependant qui a eu cette chance, à la fin du siècle précédent, Charles Howarth. Il avait écrit « La Cité de demain », *To morrow City*, et il a pu voir bâtir sa ville, créée de toutes pièces sur son plan et peuplée aujourd'hui de 20.000 habitants, Letchworth, près de Cambridge. Mais Cabet n'a pas eu le même bonheur.

Ce fut à la fin du règne de Louis-Philippe, à la veille, par conséquent, de la Révolution de 1848, que Cabet se décida à passer à la réalisation de son système icarien. Il avait beaucoup de disciples en France et il était persuadé qu'il pourrait envoyer à sa colonie une véritable armée : « Nous pouvons envoyer, disait-il, de 10 à 20.000 hommes qui créeront, en Amérique, une nation nouvelle ». Il s'était assuré une concession étendue dans le Texas, qu'il croyait bien située, fertile et d'un accès facile. Mais, comme on dit, il n'avait pas été voir.

1. — *Le départ et l'arrivée.*

Cabet commença par envoyer une avant-garde qui partit du Havre le 3 février 1848. Cette date a un certain intérêt, vous verrez tout à l'heure pourquoi.

Ils partirent au nombre de 69. Et combien leur chef avait peu l'esprit pratique, l'histoire de ces premiers partis nous le montre assez. Quand l'avant-garde arriva à la Nouvelle-Orléans, après 45 jours de traversée, la première nouvelle qu'elle apprit c'est qu'il y avait eu une révolution à Paris le 24 février et qu'elle avait été victorieuse. Les émigrants se dirent alors : Pourquoi sommes-nous partis ! Si nous avions patienté seulement 15 jours, nous pouvions faire notre Icarie à Paris, ce qui eût été infiniment préférable. Il y en eut même qui voulurent retourner à Paris.

A vrai dire, ils se trompaient, parce que la révolution de 1848, contrairement à ce qu'on pourrait croire, n'a pas été du tout communiste, surtout après l'histoire des ateliers nationaux ou du Champs de Mars et les journées désastreuses de juin, Quoique la République ait duré encore quatre ans jusqu'au coup d'Etat de Napoléon III, ce fut une République tout à fait bourgeoise, dans laquelle les communistes n'auraient trouvé aucune place ; et c'est si vrai que Cabet, qui était resté à Paris, fut plus harcelé et persécuté qu'il l'avait été sous le règne de Louis-Philippe et n'en eut que plus de désir de partir.

Mais les émigrants ne pouvaient deviner quelle tournure prendrait la Révolution, et c'est avec un certain sentiment de regrets qu'ils continuèrent leur voyage. A la Nouvelle-Orléans, ils prirent le bateau pour remonter la Rivière Rouge, jusqu'à une ville qui était à quatre jours de navigation ; cela fit près de deux mois de voyage. Tout ceci était relativement facile, mais, arrivés à cette ville américaine, il n'y avait plus aucun moyen de transport pour aller à la Terre promise : ils eurent à faire deux mois de route, à pied, avec quelques chariots pour les bagages, traînés par des mulets et des bœufs, à travers un pays désert. Et ce ne fut que dans les derniers jours de mai qu'ils arrivèrent à l'endroit qu'on leur avait désigné.

Là, ils apprirent qu'il y avait en effet une immense concession de plusieurs centaines de kilomètres carrés qui les attendait ; mais à la condition qu'ils eussent fait acte d'installation avant le 1ᵉʳ juillet ! Il fallait qu'avant cette date ils eussent bâti, sur chacun des lots, sinon une maison — on n'était pas si exigeant — tout au moins une hutte de pionnier.

Ils n'avaient donc, pour cette installation, que cinq semaines ; faute de quoi ils étaient forclos. Et cela en plein été, un été du centre américain, qui est aussi terrible que l'hiver, ce qui n'est pas peu dire. Ils se trouvèrent en présence d'une terre où jamais la charrue n'avait passé, et c'est bien pour cela qu'on la leur avait concédée presque gratuitement. Or aucun de ces colons n'avait manié la charrue ; c'étaient des ouvriers de Paris.

Ils essayèrent cependant ; mais ils étaient épuisés par leur terrible voyage. Sept moururent successivement de fatigue. Un huitième, par une malchance incroyable, fut tué par la foudre. Enfin il y en eu cinq qui en eurent assez et désertèrent.

Les survivants, cependant, sentinelles héroïques, restèrent à leur poste, en attendant ceux qui allaient suivre. Car Cabet avait organisé l'émigration par vagues successives qui devaient se suivre à brefs intervalles. Mais quand la seconde vague arriva, au mois de septembre, les nouveaux-venus jugèrent qu'il n'y avait pas lieu de pousser plus loin l'expérience et qu'il fallait revenir. Ils abandonnèrent donc cette immense concession et ils reprirent la terrible route du retour, sur laquelle ils laissèrent encore les cadavres de cinq ou six de leurs membres.

Pendant ce temps, que faisait Cabet ? Cabet était à Paris, où il continuait à écrire des articles de journaux et des brochures, et constituait un bureau de recrutement. Il y avait placé sa femme et sa fille pour recevoir les adhésions des Icariens disposés à partir pour l'Amérique, et pour tâcher surtout de trouver de l'argent. Cabet fit un voyage en Angleterre, pour aller voir Owen et lui demander sinon de l'argent, du moins des conseils. C'est Owen, d'ailleurs, qui avait eu cette malheureuse idée de lui indiquer le Texas pour constituer sa colonie, ce qui était un très mauvais choix.

Quand Cabet apprit que son expédition était si malade, il se décida enfin à aller la rejoindre. Il partit le 13 décembre 1840 et arrivé à la Nouvelle-Orléans où il trouva les malheureux qui l'attendaient comme le Messie, depuis déjà un an, et commençaient à désespérer de le voir arriver jamais. Ils étaient déjà très débandés ; sur près de 500 personnes qui avaient été envoyées par vagues successives, il n'en restait plus que 280, quand Cabet arriva. Tous les autres avaient déserté ou étaient morts du choléra.

Cabet ne se découragea pas. Il dit : puisque cela ne va pas dans le Texas, nous allons chercher ailleurs. Cette fois il eut plus de chance, une chance extraordinaire, dont malheureusement il ne sut pas profiter. En remontant le Mississipi pendant 1.500 kilomètres, depuis la Nouvelle-Orléans jusqu'au-dessus de Saint-Louis, il y a une petite ville qui porte le nom de Nauvoo et qui avait été rendue célèbre par l'histoire des Mormons dont j'ai parlé dans la précédente leçon, car ce fut leur première étape dans leur voyage vers la terre promise. C'est là qu'ils avaient élevé leur premier temple. Mais comme ils étaient très mal vus dans le pays, et qu'ils avaient le sentiment que ce n'était pas là le but vers lequel Dieu et son prophète leur assignaient, ils étaient allé le chercher vers le Far-West, au-delà des Montagnes Rocheuses. Les Mormons avaient laissé là toute leur installation, y compris le temple. Et naturellement il ne s'était trouvé personne pour acheter ces immeubles, en sorte que Cabet trouva là des maisons et des terres disponibles. Il s'empressa de profiter de cette occasion merveilleuse, comme avait fait Owen pour installer New-Harmony.

Il aurait fait une bonne affaire, s'il avait tout acheté ; ce n'était pas cher, mais il n'avait pas d'argent. Il avait emporté de Paris 84.000 francs, ce qui n'était pas beaucoup pour fonder un monde nouveau, et sur ces 84.000 francs, il avait dû dépenser une somme assez forte pour payer le retour des Icariens qui avaient voulu revenir. Il avait dû également payer les frais du voyage vers Nauvoo, de sorte qu'à l'arrivée dans cette ville il ne lui restait plus que 60.000 francs.

Il ne pouvait pas songer, même au prix dérisoire qu'on en demandait (1,30 dollar par acre — et le temple par dessus le marché), à acheter la terre, parce qu'il fallait bien garder un peu d'argent pour l'installation : il se contenta donc de louer les terrains.

Ce n'était pas une bonne spéculation ; les Icariens y engloutirent le peu d'argent qui leur restait. Ils avaient pris à ferme 800 hectares, sur lesquels ils mirent en culture près de 280 hectares ; mais au mois de novembre 1849 il ne leur restait plus en caisse que 5 dollars. Et ils n'étaient plus que 200 membres, sur 500 qui étaient partis.

Cependant, ils avaient dans une certaine mesure réalisé leur rêve. Ils avaient fait une installation qui n'était pas mal, à en juger par les descriptions qui nous ont été données.

En voici une. Il faut dire que c'est Cabet qui parle ; mais tout à l'heure je vous donnerai le témoignage d'un tiers :

« Travail organisé, libre, sans salaire, sans monnaie, sans autre contrainte que le sentiment du devoir envers la communauté. Nous avons la jouissance en commun, suivant les besoins de chacun, d'après les principes de la fraternité et de l'égalité, sans aucun privilège pour personne. Nous avons la souveraineté du peuple en action, la démocratie en principe, la liberté en application, et la porte ouverte à toutes les réformes pacifiques.

« Dans notre société, point d'opulence, mais point de misère ; ni riches ni pauvres, ni administration ni dépendance, ni souci ni inquiétude, ni crimes ni gendarmes, ni procès ni tribunaux. Le bonheur du mariage et de la famille pour chacun, l'instruction pour les filles comme pour les garçons, les bienfaits de l'éducation pour tous. »

Ceux qui y sont allés à ce moment-là, c'est-à-dire vers 1850-1852, confirment ce témoignage : ils disent que, sans qu'il y eût aucune espèce de luxe, la vie était assez agréable pour les colons.

Ce n'était pas un régime de communauté absolue ; ce n'était pas le phalanstère fouriériste, en ce sens qu'il n'y avait pas d'habitation commune. Car c'est une différence curieuse entre les deux systèmes et qui est précisément l'inverse de ce qu'on pourrait croire : Fourier

qui n'était nullement communiste, qui était pour la propriété privée, pour le profit, voulait cependant l'habitation unitaire, parce qu'il se plaçait au point de vue de la
consommation et voyait là une source d'économie
énorme. Et Cabet qui était au contraire tout à fait communiste, qui ne voulait tolérer aucune propriété privée,
même pour les meubles, Cabet ne voulait pas l'habitation en commun. C'est parce que Cabet avait le respect de la famille et fut lui-même un bon mari et un
bon père, tandis que Fourier était un vieux garçon qui
avait en horreur le ménage bourgeois et pot-au-feu.

Toutefois, en Icarie, si chacun avait sa maison, on
mangeait à la table commune. Et le travail se faisait
naturellement en commun.

La discipline était très stricte ; il fallait se lever à une
certaine heure, prendre les repas exactement à l'heure
fixée ; c'était le régime communiste que nous avons vu
déjà dans tous les autres sociétés à base religieuse. Et
quoique ici la communauté fut laïque, cette discipline
fut d'abord assez bien supportée. Mais cela ne dura pas.

D'abord, Cabet fut obligé de retourner à Paris, parce
qu'il venait d'être condamné à deux ans de prison pour
escroquerie ! Il avait été condamné pour avoir, disait
le jugement, engagé des fonds qui lui avaient été remis
dans une aventure absolument sans fondement.

D'où venait ce coup ? Il venait de certains de ses
disciples Icariens qui avaient été très vexés de la façon
dont les choses avaient tourné et qui, sans aucune gra-
titude pour Cabet, l'avaient poursuivi pour abus de con-
fiance, pour avoir annoncé une colonie qui n'existait pas.

Il faut dire aussi que le ministère public et le tribunal
saisirent avec empressement cette occasion de frapper
un communiste. Il ne faut pas croire en effet que la
République de 1848 leur fût bienveillante. Cabet fut
condamné par défaut et d'une façon très sévère.

Pourtant dès qu'il fut de retour à Paris, il n'eut pas
de peine à se justifier et il fut acquitté par la Cour.

Mais son voyage dura assez longtemps ; il dura

quinze mois. Pendant ce temps les Icariens se considé-
rèrent comme des écoliers en vacance : on cessa de travailler, et chacun se tailla une petite propriété individuelle. Les uns vont à la chasse, les autres à la pêche :
personne ne s'occupe de la communauté mais chacun
se fait un petit pécule.

Les fidèles supplièrent Cabet de se dépêcher de revenir, et le pauvre Cabet, abandonnant de nouveau à
regret, tout ce qu'il aimait, c'est-à-dire son bureau, son
journal, les comités politiques, sa femme et sa fille,
reprit le chemin de Nauvoo. Il avait 64 ans.

3. — *Les querelles et la scission*

Cabet, en arrivant, vit que la première chose à faire
était de rétablir l'ordre, sinon c'était la mort de son
œuvre.

Il demanda alors la dictature. Mais ne l'avait-il pas
déjà ? Dans la charte de constitution d'Icarie il s'était
attribué la présidence pour dix ans. Mais comme cette
présidence décennale jurait un peu avec les principes
communistes et égalitaires sur lesquels était fondée la
société nouvelle, Cabet avait accepté de rétablir l'élection pour le président. Seulement, il avait pensé que
c'était là une simple concession sur le papier et qu'il
resterait toujours le véritable dictateur de la colonie.

Mais quand il revint, il vit que son pouvoir était
extrêmement menacé, qu'il s'était formé une opposition qui le critiquait amèrement et de façon très injuste,
qui mettait même en doute ses qualités d'organisateur
et demandait déjà qu'il fut remplacé.

Il y répondit par un manifeste impérieux, réclamant
le rétablissement de la présidence à vie. Et il n'hé-
sita pas à établir la censure sur les lettres. Alors s'en-
gagea une lutte violente qui dura toute une année,
une lutte dans le détail de laquelle je ne puis pas entrer,
quoique ce soit un des épisodes pittoresques de cette

histoire (1). L'association se divisa en deux partis : l'un
resta fidèle à Cabet et l'autre se rangea autour du chef
de l'opposition ; et ce furent des querelles perpétuelles
et même des scènes de pugilat à un tel point que la
police locale dût intervenir.

Les dissidents avaient protesté en faisant grève. Mais
Cabet, appliquant le principe de l'apôtre Paul : qui ne
travaille pas ne doit pas manger — avait dit : puisqu'ils
ne travaillent pas ils ne mangeront pas ! et l'entrée du
réfectoire leur fut refusée. Alors l'opposition prit le
réfectoire d'assaut, pilla le poulailler et les arbres
fruitiers. Il fallut reprendre la place d'assaut.

« On vit Cabet, penché à une fenêtre de son cabinet,
situé au premier étage, encourager ses partisans à
conquérir la place dont l'accès leur était interdit, au
grand dommage de la vaisselle icarienne. La maîtresse
d'école, qui appartenait au groupement de Cabet, reçut
force horions. Saisie par les cheveux et renversée d'un
coup de genou dans les reins, elle fut traînée dehors,
pendant que les petites filles de l'école criaient et san-
glotaient. »

Finalement, dans une assemblée générale, en 1856,
Cabet fut mis en minorité. L'association se partagea
alors en deux groupes, et le groupe de Cabet fut battu,
quoique à une faible majorité. Il ne lui restait plus
qu'à donner sa démission. C'est ce qu'il fit et, suivi par
ses fidèles qui étaient au nombre de 180, il abandonna
la place aux opposants et redescendit le Mississipi
qu'il avait monté triomphalement sept ans auparavant.

Il ne retourna pas jusqu'à la Nouvelle-Orléans, mais
s'arrêta à Saint-Louis, qui était plus près. Là il s'occupait de chercher un autre terrain pour y faire revivre
sa colonie quand il fut frappé d'apoplexie et mourut
subitement (7 novembre 1856). Nul doute que les soucis
et les angoisses par lesquelles il avait passé n'aient été
une des causes de sa mort.

____

(1) Voir les détails dans le livre de M. Prudhommeaux, déjà cité.

Voilà donc ses 180 fidèles abandonnés, sans leur chef, sans leur Messie, à Saint-Louis.

Ils ne se découragèrent pas et, en attendant de trouver un autre terrain pour installer leur colonie, ils travaillèrent pour gagner leur vie à Saint-Louis.

Saint-Louis n'était pas l'immense ville qu'il est aujourd'hui ; c'était pourtant une ville déjà importante, de fondation française, où les Icariens trouvèrent à s'employer dans des ateliers. Ils ne purent plus mener la vie de communauté puisqu'ils étaient dispersés au hasard de leurs occupations, mais très honnêtement ils rapportaient leurs gains à la masse commune de façon que la communauté continuât à subsister, non de fait mais de droit. Ils gagnèrent même assez d'argent et ne furent pas malheureux pendant ce temps-là.

4. — *L'installation à Cheltenham*

Cependant ils continuèrent à chercher et finirent par trouver, à une trentaine de kilomètres de Saint-Louis, dans une localité inconnue qui s'appelle Cheltenham, une concession pour s'installer. Ils n'avaient pas d'argent, mais ils l'achetèrent à crédit pour 25.000 dollars, ce qui faisait 125.000 francs d'or, à une époque où le franc d'or valait beaucoup plus non seulement que le franc d'aujourd'hui, mais même que celui d'avant la guerre.

Le propriétaire consentait à être payé en dix annuités. Ils s'installèrent et fondèrent une nouvelle colonie. C'était donc leur troisième établissement, si on compte celui au Texas, et même le quatrième, si on compte le séjour à Saint-Louis — et ce n'était pas le dernier.

Les choses allaient assez bien, grâce à la direction d'un intellectuel, licencié en droit de la Faculté de Toulouse, Mercadier. Mais survint la grande guerre de Sécession des Etats-Unis qui dura quatre ans et leur fit beaucoup de tort. Un certain nombre d'entr'eux s'enrôlèrent dans l'armée fédérale, c'est-à-dire dans l'armée des anti-esclavagistes, cela va sans dire. Ils s'enrôlèrent, non seulement par sympathie pour la cause du président Lincoln mais parce que c'était un moyen pour eux de gagner un peu d'argent. Les volontaires étaient en effet payés très cher. Et ils envoyaient leur solde à la pauvre colonie de Cheltenham.

Malgré cet appoint et malgré le travail de ceux qui étaient restés, il arriva ce qu'on pouvait attendre, c'est qu'ils ne purent payer les annuités ; au reste en 1864 ils n'étaient plus que 20, dont seulement 8 hommes adultes.

Ils abandonnèrent les terrains et constructions à leurs créanciers, et la communauté fut dissoute.

Toutefois, quelques-uns allèrent rejoindre ceux qui les avaient expulsés. Mais qu'étaient-ils devenus pendant ce temps ? Que faisait la minorité turbulente et victorieuse qui était restée à Nauvoo ?

5. — L'installation à Corning

Cela n'alla guère mieux pour elle ; elle avait pris de mauvaises habitudes et après avoir dépensé tant de temps et de peine pour faire tomber Cabet, elle n'était pas dans l'état d'esprit voulu pour s'organiser paisiblement. Et puis, Nauvoo était une ville et quoique bien petite, une ville n'est pas un milieu favorable pour une communauté de ce genre. Quand on veut faire du communisme, on ne peut pas le faire en restant dans le milieu individualiste ; c'était sans cesse des occasions de distraction et de désertion pour les membres de la colonie. Ils résolurent donc, eux aussi, d'aller chercher un asile ailleurs, et après beaucoup de recherches, ils allèrent s'établir assez loin du Mississipi, vers l'ouest, dans l'État de Iowa (Nauvoo est dans l'Illinois) et s'arrêtèrent dans une petite localité qui s'appelle Corning.

Là, ils s'installèrent de nouveau. Ils étaient peu nombreux. Il y avait eu beaucoup de défections ; mais leur nombre fut un peu grossi par quelques débris de la vieille colonie de Cheltenham, qui vinrent les retrouver : on oublia les querelles et l'Icarie fut ainsi reconstituée.

Eux aussi furent frappés par la guerre — qu'il faut appeler de Sécession, car les Américains n'admettent pas qu'on dise la guerre civile. Seulement, plus heureux que leurs camarades de Cheltenham, cette guerre eut pour effet de les enrichir parce que le prix des produits agricoles monta, et ils purent vendre leurs récoltes à très haut prix. Néanmoins, comme ils avaient pris une concession énorme de 3.000 hectares, eux non plus ne purent rembourser l'emprunt qu'ils avaient contracté pour cet achat. Ils offrirent à leurs créanciers de se libérer en leur abandonnant les deux tiers du domaine, 2.000 hectares.

Ce fut un arrangement très sage pour les uns comme pour les autres. Les propriétaires l'acceptèrent, parce que les terrains avaient acquis une très grande valeur, et ils se trouvèrent remboursés amplement ; quant aux Icariens, avec les 1.000 hectares qui leur restaient, ils avaient beaucoup plus qu'ils ne pouvaient cultiver.

Ces années de 1860 à 1878 furent la période la plus heureuse de l'histoire lamentable que je vous raconte.

Voici quelques récits de témoins qui visitèrent à cette époque la République d'Icarie :

« Rien de plus riant que l'aspect d'Icarie (Corning). Le grand bâtiment du réfectoire, encadré, en quart de cercle, par les petites maisons, s'adosse à un grand bois sombre qui sert de repoussoir aux maisonnettes peintes en blanc. Des arbres fruitiers et forestiers, des pelouses, quelques places, séparent agréablement les diverses parties de ce village.

« Les logements se composent de deux pièces, dont l'une sert de salon et la seconde de chambre à coucher. Au-dessus et sous les toits sont deux chambres d'enfants. Tel est le plan adopté.

« Les trois repas de la journée se prennent en commun. Le déjeuner, servi à 5 heures du matin en été et en hiver au lever du jour, se compose de soupe, de café au lait et de beurre. Le dîner de midi comprend trois plats dont un de viande, une marmelade de fruits ou de rhubarbe, et du fromage ; le souper est à peu près semblable au dîner. En somme l'ordinaire est bon »

Seulement, il n'y a aucun luxe, ni même guère de confort ; pas de vin, pas de vaisselle ou seulement des plats en fer battu. Chacun va chercher l'eau à la cruche. La communauté ne donne pas de tabac ; ceux qui veulent fumer sont obligés de cultiver le tabac eux-mêmes, pour leur consommation. Enfin, ils se disaient heureux : que demander de plus ?

Quand Nordhoff visita cette colonie, en 1873, il en reçut aussi une très bonne impression, quoiqu'elle lui parut très pauvre. « Mais, dit-il, dans ce village sont enterrés de nobles espoirs... et un grand avenir peut-être lui est encore réservé. Elle seule représente en Amérique une grande idée : une réalisation démocratique du communisme » (1).

Le lecteur pensera sans doute que ce devait être une vie bien insipide que la vie dans ces communautés ? Elle le serait sans doute pour vous, elle le serait pour des Parisiens, pour des hommes des villes, pour ceux dont toute la journée est prise par leur profession, par les sports, par les théâtres, par les comités, par les lectures de journaux, par la politique, par les passions ou par les vices. Mais pensez au genre de vie de ces millions d'hommes qui vivent dans nos campagnes comme paysans, ou dans les banlieues de nos grandes villes comme ouvriers, et demandez-vous si ceux-là n'ont pas une vie plus morne et plus insipide que les membres des communautés d'Icarie ?

Ils avaient leurs petites joies ; elles seraient petites pour nous, elles ne le sont pas pour ceux qui en ont pris l'habitude. Ceux qui ont vécu dans les campagnes

____

(1) Nordhoff, livre déjà cité : *Communistic Societies*, p. 339.

savent qu'il ne faut pas grand'chose pour animer une journée et pour meubler toute une vie : le passage du facteur, la sortie et la rentrée du troupeau, ou simplement les changements de lune — qu'on ignore en ville. Il faut peu de chose pour rendre un homme malheureux et il en faut peu pour le rendre heureux.

6. — *La seconde scission*

Mais voilà qu'en 1878, c'est-à-dire après dix-huit ans, ce qui est une assez longue période, heureuse et sans histoire, l'association se divise de nouveau en deux camps. Derechef une opposition se forma, de nouvelles querelles surgirent, et la police locale dut encore intervenir, comme à Nauvoo. Les mêmes scènes de désordre, peut-être plus graves encore qu'en 1856, se renouvellent. Si le souvenir des vieilles inimitiés s'est éteint, il en surgit de nouvelles. Les Icariens se divisent en « jeunes » et en « vieux » : les jeunes accusent les anciens d'avoir des idées surannées et même de superstition, non pas cléricale, mais néanmoins imprégnée d'une espèce de christianisme plus ou moins évangélique qu'ils déclarent incompatible avec l'esprit nouveau et avec le vrai communisme. Ils se plaignent aussi de ce qu'on est trop rigoureux pour l'admission des nouveaux membres et qu'on maintient ainsi la communauté à l'état de momie. Ils demandèrent la séparation à l'amiable.

Les anciens s'y refusèrent avec indignation, d'autant plus que la minorité réclamait la moitié des biens. Ils répondirent : C'est nous, les anciens, qui avons supporté toutes les misères du début, qui avons traversé toutes les épreuves, et vous qui n'avez rien apporté du tout, qui êtes des nouveaux-venus, vous venez nous réclamer la moitié de la colonie que nous avons créée. Nous n'admettons pas ce communisme-là !

Alors les jeunes intentèrent un procès, tout comme des bourgeois. Ils assignèrent la colonie devant la juridiction du pays et gagnèrent leur procès ! Le jury du comté, s'inspirant des arguments juridiques fournis par la minorité, déclara que la communauté n'avait pas observé la charte de concession, qu'elle n'avait pas mis suffisamment de terrain en culture, qu'elle avait fait du communisme, de la politique, de la propagande. Bref le tribunal prononça la dissolution de la communauté nouvelle de Corning et ordonna le partage des biens.

Toutefois, le jugement prononcé en leur faveur, les minoritaires eurent quelques remords et il fut décidé que le partage se ferait à l'amiable.

Il y avait des terres qui appartenaient à la concession mais qui n'avaient pas été exploitées et où il n'y avait encore rien de bâti. L'un des deux partis irait s'y établir, l'autre resterait dans l'ancien établissement. Mais il fut décidé que ceux qui partiraient toucheraient une indemnité de quelques milliers de dollars. Or, quoiqu'il fut juste et naturel que ce fussent les anciens qui restassent dans l'ancienne concession et les jeunes qui allassent dans la nouvelle, en fait ce fut l'inverse qui se réalisa.

En effet les vieux se dirent : Si c'est nous qui restons nous devrons payer l'indemnité et nous serons ruinées. Ils préférèrent donc déménager afin de toucher une indemnité qui leur permît de fonder une nouvelle colonie. Celle-ci s'appela la Nouvelle Icarie (quoique composée des anciens) ; tandis que la minorité restante (celle des jeunes) s'appela la Colonie Icarienne.

Ainsi se joua la comédie de Molière :

> La maison est à moi, je le ferai connaître,
> C'est à vous d'en sortir, vous qui parlez en maître.

Donc, voilà deux colonies Icariennes : les anciens et les jeunes, en face l'une de l'autre, voisins, mais absolument séparés.

La communauté des Jeunes Icariens, restés en possession de la vieille maison, ne justifia guère sa victoire. Ceux-ci firent encore moins que les anciens et ne gardèrent pas longtemps leur domaine usurpé. Ils se décidèrent à aller chercher fortune ailleurs et de créer d'abord une filiale en Californie, dans un site magnifique, à 18 milles de San-Francisco. Ils donnèrent à cette nouvelle colonie le nom de bon augure de l'Espérance Icarienne (*Icaria Speranza*) (1883).

Mais elle aussi eut une très courte existence. Elle ne dura que trois ans et en 1886 elle disparut. Toutefois celle-ci ne disparut pas par cause de misère mais au contraire par suite de sa prospérité ; les membres se partagèrent les terres qui avaient acquis une très grande valeur et s'établirent chacun de leur côté.

Et cette chute de la colonie d'Esperanza entraîna, par ricochet, la chute de la colonie mère, celle de Corning (1887).

7. — *La Nouvelle Icarie et sa fin*

(Après cette hécatombe, il ne restait plus qu'une de ces associations, celle dite la Nouvelle Icarie mais qui, en réalité, était la vieille, celle qui continuait la tradition de Cabet.)

Celle-là a été longtemps assez prospère. (Ce fut dans cette triste histoire la troisième période de prospérité ; nous en avons signalé une du vivant de Cabet, une seconde à Cheltenham, mais l'une et l'autre avaient été brèves,) tandis que celle-ci fut assez longue et même assez brillante. (On put même croire qu'elle serait définitive et qu'après tant d'épreuves la colonie d'Icarie avait enfin trouvé le port.)

Malheureusement il n'en fut point ainsi. Elle ne mourut ni de misère ni de discordes, mais simplement de vieillesse.

Les fidèles avaient vieilli et les jeunes n'étaient pas venus. Il n'y avait pas eu de recrues. Vers la fin du siècle dernier, il n'y avait plus qu'une vingtaine de personnes, sur lesquelles il n'y avait que 9 hommes ; et de ces 9 hommes, 6 avaient plus de 60 ans.

Ces fidèles luttaient pourtant et, pour l'honneur du nom et de la mémoire de Cabet, ils voulaient continuer. Parmi eux, une femme notamment était la plus tenace. Cependant il vint un moment où ils se dirent : Nous ne sommes plus une communauté mais une petite famille, notre association n'a plus d'intérêt comme révolution sociale.

Peut-être aussi faut-il avouer que la dissolution de la société devenait de plus en plus tentante à mesure que le nombre de ses membres diminuait, car, malgré les revers économiques que la colonie avait subis, les terrains avaient acquis de la valeur au cours des huit années écoulées, comme à Esperanza. Mais à quoi bon les laisser en communauté et pour qui ? Pour le dernier survivant ? Alors l'entreprise communiste finirait en tontine ! Les vieux eux-mêmes ne voulaient pas mourir à l'état de communauté sans avoir eu leur part de leur vivant. Finalement, ce fût à l'unanimité — même y compris l'Icarienne intrépide qui se mit à pleurer sur la chute de la colonie, mais vota tout de même — qu'ils votèrent la dissolution. C'était donc la fin (22 octobre 1898).

Si nous faisons le compte, nous voyons que cette colonie était la septième !

La première, celle du Texas, mort-née après quelques mois ;

la seconde, celle de Nauvoo, qui avait duré sept ou huit ans mais avait fini en 1856 ;

la troisième, celle de Cheltenham, près de Nauvoo, qui avait duré quelques années et qui, après une période relativement prospère, avait fini faute de recrutement ;

la quatrième, celle de Corning, dans l'Iowa, qui avait aussi marché pendant quelque temps et assez bien, mais dont la dissolution fut prononcée par un jugement ;

la cinquième, restée à Corning mais devenue la Communauté Icarienne ;

la sixième, celle d'Esperanza, en Californie, filiale de la précédente ;

la septième, celle dite Nouvelle Icarie, en réalité héritière en ligne directe de la première Icarie de Cabet.

Pour se débrouiller dans cette histoire, il faudrait dessiner sur le tableau un arbre généalogique (1), car toutes procèdent les unes des autres par voie de filiation ou plus souvent par celle de bi-partition, à la façon des infusoires qui se multiplient par subdivision. Mais pour les organisations sociales c'est là une forme fâcheuse de la prolification.

Cependant, si vous additionnez les existences de toutes ces sociétés, vous voyez que, de 1848 à 1898, elles ont vécu un demi-siècle, ce qui est déjà quelque chose. Mais quelle existence tourmentée !

§ 5. — Moralité de cette histoire.

Quel enseignement général pouvons-nous tirer de l'histoire de toutes ces colonies communistes ?

Contrairement à ce qu'on aurait pu croire, ce ne sont pas précisément des causes économiques qui ont amené la fin des colonies d'Icarie, non plus que des autres communautés.

Certes, il y a eu souvent manque de travail et plus souvent encore mauvais travail ; les colons n'étaient pas des agriculteurs mais pour la plupart des ouvriers d'industrie, et leurs chefs étaient des ex-politiciens. D'autre

---

(1) Voici le tableau généalogique de la Société d'Icarie :
Texas, 1848 (3 mois).
Nauvoo, 1849-1860 (12 ans).

Cheltenham   Corning
1858-1864 (6 ans)   1860-1878 (18 ans)

Communauté Icarienne   Nouvelle Icarie
1879-1887 (8 ans)   1878-1898 (20 ans)
Icaria Speranza
1883-1886 (3 ans)

part, le capital leur a toujours fait défaut, bien plus encore que le travail qualifié. Ces colonies ont vécu presque tout le temps d'une façon qui n'est vraiment pas très noble : elles ont vécu d'emprunts, que généralement elles ne sont pas parvenues à rembourser, et de subventions du bureau de Paris qui faisait des collectes pour leur envoyer ce qu'il pouvait. Oh ! peu de chose : de 1852 à 1855 on ne put leur envoyer de Paris que 112.000 fr. Et quant aux Américains ils ne donnèrent ni ne prêtèrent même un dollar. Les Icariens touchaient aussi les apports de nouveaux adhérents qui devaient verser dans la caisse commune tout ce qu'ils avaient. Ce sont là façons de vivre bien anormales, mais il ne faut pas se montrer trop sévère. Nous verrons que les colonies sionistes, en Palestine, ne vivent pas autrement. Et même en France les organisations nouvelles, comme les coopératives de crédit, les sociétés d'habitations, n'ont pu naître et grandir que grâce à de grosses subventions de l'Etat.

Cependant, malgré tant de manques, ces associations n'ont pas péri de misère. Elles ont vécu tant bien que mal et quelques-unes même ont fini dans une aisance relative. La preuve c'est que, quand elles se sont dissoutes, il y a eu une assez bonne part pour chacun des associés.

On ne peut donc pas dire que ces communautés aient complètement échoué au point de vue économique, mais ce sont surtout les facteurs d'ordre moral qui leur ont fait défaut.

Ces colonies, étant données les règles auxquelles on voulait les assujettir, et à défaut de cette sélection que les communautés religieuses réalisaient, par la foi à une même religion, auraient eu besoin d'une sélection des plus sévères.

Voici, par exemple, en quels termes un manifeste de la colonie des Jeunes Icariens expose les conditions que les membres doivent remplir :

« Si vous n'êtes pas complètement convaincu de

la supériorité du communisme sur les autres systèmes sociaux ; si vous êtes sujet aux impulsions de
l'égoïsme ; si vous n'êtes pas capable de faire taire ce
que vous croyez être votre intérêt particulier devant l'intérêt général ; si vous craignez de ne pouvoir vivre là
où tout est à tous, même l'argent et les objets que vous
aurez apportés en entrant; si vous ne pouvez souffrir la
contradiction, l'opposition d'opinion, le rejet de vos pro-
positions par l'assemblée générale ; si votre tempéra-
ment vous rend les défauts d'autrui insupportables ; si
la pratique de l'égalité, relativement aux besoins et aux
facultés de chacun, peut choquer vos sentiments — en
ce cas, ne venez pas en Icarie, car vous n'y seriez pas
heureux. Mieux vaut rester où vous êtes et tâcher de
vous y améliorer. »

Que de si ! Il ne fallait pas s'attendre à trouver beaucoup de personnes assez qualifiées pour satisfaire à des
conditions aussi rigoureuses.

Le gouvernement de ces colonies ne pouvait être que
la démocratie absolue, le gouvernement direct par tous
les colons membres de la société. Or il ne faut pas
oublier que ces colonies se recrutaient surtout parmi
des révoltés ! Après la Révolution de 1848 elles ont vu
arriver les réfugiés et, après la Commune de 1871, il en
est venu d'autres. Ce n'est pas avec des caractères semblables qu'on peut fonder de paisibles sociétés. Il n'est
pas surprenant qu'il y ait eu dans ces colonies tant
d'oppositions, tant de querelles. Et Cabet lui-même,
nous l'avons dit, a passé toute sa vie à faire de l'opposition et même des conspirations ; il était mal venu
à se scandaliser qu'on lui rendît la pareille.

Naturellement la règle la plus difficile à faire accepter c'était le renoncement à toute propriété privée, ce qui
pour Cabet était le principe essentiel de la société nouvelle. Il y avait des membres qui trichaient. Cabet
se plaint fréquemment de ces violations du principe ;
il écrit au Bureau de Paris :

« L'une de nos femmes a écrit pour demander pour sa

petite fille un nécessaire contenant des outils à broder. Les Icariens ont fait une souscription pour acheter un nécessaire qui a coûté 20 francs. Tout cela, c'est une violation de nos principes d'égalité, de simplicité et d'économie. »

Après lui, quand se fit la séparation de la colonie de Corning et qu'il y eut un partage légal sur jugement du jury de comté, on fit une perquisition chez les anciens, à la demande des jeunes, et en voici le résultat :

« Le trustee fit faire par le constable une perquisition domiciliaire dont le résultat dépassa tout ce qu'on pouvait imaginer : huit grands chariots furent remplis de marchandises de tout genre. On trouva plus de 1.000 litres de vin qui avait été fait avec les raisins de la communauté. On trouva toutes sortes d'objets : instruments, outils, etc., cachés dans les habitations et parfois enterrés dans les jardins et dépendances des habitations de l'ex-majorité. »

Il y avait donc lutte sourde mais incessante entre la règle communiste et l'instinct individualiste.

De vivre en commun entraîne de petits froissements quotidiens. Voici une page d'un rapport, non sur la colonie d'Icarie, il est vrai, mais sur une colonie communiste de date plus récente. Néanmoins dans les froissements qui y sont exposés on peut certainement retrouver ceux qui sont la plaie de tout groupement communiste.

A. raconte à V. : « C. met beaucoup trop de sucre dans son café au lait.

« — Oui, poursuit B., cela tient à ce que C. sort de la bourgeoisie.

« — Il faudra qu'il s'en déshabitue ! déclare A. ; l'état financier du groupe ne permet pas de le supporter ; nous sommes à court de tout, et si on ne montre pas plus d'économie, ce sera la ruine. »

Naturellement, C. informé qu'on trouve qu'il consomme trop de sucre, est fort irrité contre ceux qui l'ont dénoncé et il dit :

« Quand on mange à la même table et qu'on habite tous ensemble dans la même maison, on perd toute liberté, on est encore plus esclave que dans la société bourgeoise. »

Et il se décide à aller habiter à part, avec sa compagne et à faire son ménage. Mais quoique vivant à part, il est encore sous la surveillance des camarades qui remarquent qu'il consomme trop de beurre, aux dépens de la communauté, et font une réclamation à l'assemblée générale.

Un autre sujet de discussion et qui se rattache au précédent, ce fut la question du remboursement. La règle était que tout nouvel adhérent apportât à la communauté tout ce qu'il possédait en argent et en nature ; et en cas de démission rien ne lui était remboursé.

Mais, comme on peut le penser, une règle si sévère n'était pas propre à attirer beaucoup de recrues : elle risquait de faire de la colonie une sorte d'asile pour ceux qui n'avaient pas le sou.

Il fallut donc peu à peu, instruit par l'expérience, apporter des dérogations et des atténuations à cette règle sévère. On permit aux colons de conserver les meubles pour leur usage personnel, le mobilier proprement dit. Il fallut rabattre cette clause sévère qui refusait tout remboursement des apports aux sociétaires démissionnaires. On décida dans l'Icarie « des jeunes » qu'à ceux qui partiraient on rembourserait tout ou partie de ce qu'ils avaient apporté. Il y avait des modalités diverses, dans le détail desquelles je n'entre pas ; généralement on remboursait une part proportionnelle au temps passé dans la colonie.

Mais alors surgit une autre contestation. Les anciens disaient : Quand nous sommes entrés, nous avons tout abandonné ; nous qui sommes les ouvriers de la première heure nous avons tout sacrifié à la communauté. Et si nous voulions déserter aujourd'hui que nous rendrait-on ? Rien du tout ! Et voici que les ouvriers de la onzième heure, après avoir passé quelques années à la colonie, n'auraient qu'à reprendre leur apport comme un dépôt fait à la banque !

Et pourtant il fallut faire plus encore, et dans la dernière étape de cette évolution on finit par accorder une certaine participation aux bénéfices, ce qui était une dérogation complète aux principes.

Dans la colonie la dernière fondée, celle d'Esperanza, on peut même dire que le communisme avait fait place au fouriérisme. Car elle n'était plus qu'une société par actions, dans laquelle les bénéfices étaient partagés entre les sociétaires au prorata de leurs actions, ce qui est en désaccord non seulement avec le communisme, mais même avec le coopératisme : c'est le retour au capitalisme.

CHAPITRE VIII

LES COLONIES ANARCHISTES

Les communautés dont nous avons raconté l'histoire dans le chapitre précédent étaient socialistes et même communistes, mais non dans le sens où l'on entend ces mots aujourd'hui — owenistes, fouriéristes, cabetistes, ce sont des expressions diverses du vieux socialisme de la première moitié du siècle dernier, que nous nommons socialisme associationniste et qu'on pourrait même nommer, par anticipation, coopératiste.

Mais quand apparut le socialisme moderne, le socialisme marxiste, au milieu du siècle dernier — le manifeste communiste est de 1848 et le grand livre de Karl Marx, *le Capital*, est de 1867 — de ce jour toutes ces expériences socialistes ont cessé, parce que le marxisme professe le plus profond mépris pour toutes ces réalisations en miniature qui lui apparaissaient comme des enfants jouant à la poupée.

Vous savez que le marxisme a pour principe que la Révolution ne peut pas se faire par des efforts individuels ni par de petits groupes. Ce n'est que par la grande masse, par la lutte de classes, en soulevant le prolétariat tout entier et en l'organisant, qu'on pourra arriver à changer l'ordre social actuel.

Toutefois le marxisme trouva un adversaire dans le sein même du communisme. Ce fut l'anarchisme.

Déjà, dans la fameuse Internationale qui a été le berceau du marxisme, Karl Marx avait eu en face de lui Bakounine, qui a été le père de l'anarchisme, de même que Karl Marx est le père du collectivisme. Et quoique l'un et l'autre eussent en définitive le même programme, le communisme, ils différaient totalement par l'inspiration. Beaucoup de personnes pensent qu'anarchisme ou socialisme c'est la même chose ; ou qu'il n'y a entre les deux qu'une nuance. Ceux qui font cette confusion feraient bien d'aller en Russie, où les soviets communistes font aux anarchistes une guerre sans merci, plus encore qu'aux bourgeois. A telles enseignes qu'il y a deux ans les murs de Paris ont été couverts d'affiches de groupes anarchistes, protestant contre la façon dont les anarchistes étaient persécutés en Russie, emprisonnés et fusillés.

En quoi donc l'anarchisme diffère-t-il du socialisme collectiviste marxiste ?

C'est parce qu'il revient précisément à cette idée, condamnée par le marxisme, que c'est par l'individu, ou par de très petits groupes, que doit se faire la révolution sociale. L'anarchiste a en horreur l'enrégimentement par grandes masses, l'obéissance aveugle au Parti, qui caractérise le socialisme marxiste et particulièrement celui des soviets. Le principe de l'anarchisme c'est l'individualisme poussé à ses dernières conséquences. J'ai même dit souvent que l'anarchisme est une sorte d'outrance de l'économie politique libérale individualiste, à la façon de ces miroirs concaves ou convexes qui réfléchissent les figures mais en les exagérant monstrueusement. Que chacun puisse faire ce qu'il veut, sous la seule condition de laisser la même liberté à autrui, voilà l'anarchisme.

J'admets que c'est là un principe assez noble. Il rappelle celui des dieux de l'Olympe. Euripide, dans sa tragédie de *Hippolyte*, met dans la bouche de Diane, s'adressant à Thésée, cette fière parole :

« La seule loi entre les immortels c'est qu'aucun ne porte atteinte à la volonté des autres, mais que chacun satisfasse à ses désirs. »

Cette loi des immortels il faut qu'elle devienne aussi celle des mortels. Cet Olympe, il faut le créer.

Et voilà comment les anarchistes, à la différence des marxistes, reviennent aux petites colonies communistes. Seulement, ils disent qu'il n'est pas nécessaire d'aller les fonder au-delà des mers : pourquoi payer la liberté de l'exil ? On peut constituer l'association en France, en se faisant un petit monde séparé. Les catholiques l'ont fait ; ils ont fait des couvents où ils vont chercher un asile « hors du monde », comme ils disent. Mais les religieux, en s'isolant du monde, s'enchaînent par des vœux, obéissent à une règle et même à un supérieur, tandis que dans les communautés anarchistes il n'y aura ni règles, ni supérieur : « ni dieu ni maître ».

On leur fait observer cependant que cette ambition semble un peu contradictoire, car si dans une île de Robinson ils seraient libres de faire ce qu'ils voudraient, dans le milieu de la société actuelle toute colonie sera encerclée et, bon gré mal gré, soumise aux règles de droit, aux disciplines légales qu'ils veulent précisément fuir. Ils pourront bien être libres dans leur petit milieu, mais libres comme l'oiseau est libre dans sa cage ; il n'est pas attaché, il peut y voleter, mais il ne peut pas sortir.

Et quant aux congrégations religieuses, précisément elles ont été expulsées, parce que le gouvernement a pensé, à tort ou à raison, que le corps social ne pouvait tolérer dans son sein la présence de corps étrangers. N'en sera-t-il de même avec les communautés anarchistes ?

Ces obstacles ne les ont pas découragés, et au début de

ce siècle, on a vu une série de nouvelles expériences communistes, cette fois de caractère purement anarchiste.

1° *Le Milieu Libre de Vaux*

C'est en 1902 qu'a été fondée à Paris une société qui portait ce titre : « société pour la création d'un milieu libre ». Elle avait pour but non de créer elle-même des colonies anarchistes, mais de réunir des adhésions, des souscriptions et des sympathies, qui permettraient de trouver un terrain favorable à l'installation du milieu libre, dans le sens que je viens de définir.

A ce moment-là, au commencement de ce siècle, l'anarchisme faisait beaucoup parler de lui. Déjà, à la fin du siècle dernier, il y avait eu l'épidémie des « bombes », comme système de propagande, système qui évidemment a fort discrédité l'anarchisme mais qui lui a fait aussi une certaine publicité.

L'anarchisme avait conquis des sympathies parmi les intellectuels, tels que les frères Reclus.

Le hasard, comme il arrive quelquefois, les servit assez bien. Un paysan des environs de Château-Thierry offrit sa maison, avec quelques parcelles de terre alentour représentant deux ou trois hectares, et il offrit aussi l'aide de ses bras et de ceux de sa belle-fille et d'un neveu. Ce paysan, qui se nommait Butin, avait été séduit par le programme anarchiste, ou peut-être aussi par le désir de tirer un parti avantageux de son petit domaine. La suite des événements, comme nous allons le voir, semble confirmer la seconde interprétation.

On s'empressa de profiter de l'occasion et après avoir envoyé une petite mission sur les lieux, au mois de mars 1903 les premiers colons vinrent s'installer dans cette colonie qui s'appela la Colonie de Vaux.

Ils n'étaient pas bien nombreux. Ils commencèrent à deux ; au mois de mai ils étaient 7. Finalement, au mois de juin, je crois, ils étaient 17.

Ils étaient venus d'un peu partout. Il y avait notamment une tolstoïenne russe, Sofia Zaïkowska, qui apportait tout l'enthousiasme slave. Elle était non la femme, car cette expression n'était pas acceptée là-bas, mais la compagne, d'un des fondateurs de la colonie, Butaud.

Quelles étaient les conditions requises pour faire partie de la colonie ?

Il fallait d'abord être adhérent à la société mère, à la société de propagande.

En second lieu, il fallait payer un droit d'entrée de 30 francs.

En troisième lieu il fallait s'engager à faire le travail quelconque qui serait nécessaire pour les besoins de la communauté, et par conséquent, avoir la compétence nécessaire pour faire ce travail.

Et surtout, il fallait signer une profession de foi qui était assez rigoureuse.

« Je reconnais que c'est de ma propre initiative que je tente cette expérience. Partisan du principe de liberté absolue, me reconnaissant suffisamment développé pour, dans une société libre, ne jamais me livrer à la violence sur aucun de mes camarades, reconnaissant qu'il n'est pas besoin d'une force quelconque pour imposer le travail aux individus, que libres ils l'exécuteront d'eux-mêmes ;

« Je me rendrai à mes frais à la colonie, et au cas où je voudrais quitter la société, celle-ci me rapatrierait à mon lieu d'origine, à ses frais, ceci afin que je ne sois pas contraint, par manque de fonds, de vivre dans un milieu malgré moi. »

Vous voyez que, conformément au système anarchiste, et contrairement à ce qui se faisait dans les colonies de Cabet où l'on s'efforçait de retenir les colons en mettant tous les obstacles possibles à leur départ, ici la porte est ouverte pour qui veut sortir. Sinon ce ne serait pas un milieu libre.

Dans cette société, chacun faisait-il donc ce qu'il voulait ? N'y avait-il point de règle ? Pas même de règle pour le travail ? Non. Nous avons vu dans la déclaration que chaque associé reconnaît que toute contrainte est inutile pour déterminer les hommes à travailler et qu'ils le feront d'eux-mêmes.

Pas de contrainte non plus pour la répartition ? Non : on prend au tas, suivant la formule anarchiste. Pour faire ses provisions, chacun allait au grenier ou à l'arbre fruitier et prenait ce dont il avait besoin. La formule communiste n'était pas : à chacun selon son travail mais : à chacun selon ses besoins.

Mais, quand il n'y avait pas assez, que valait ce principe ? Alors il fallait bien une répartition et même un rationnement ? Oui, il se faisait alors par parts égales. Mais ils vivaient de peu : en 1903 les frais d'entretien par tête et par jour sont de 1 fr. 54.

Voici le Règlement :

1° *Propriété.* — « Personne ne pourra se réclamer propriétaire, même d'une partie du sol, des constructions, des instruments de travail ou des animaux, le tout devant appartenir à la colonie. Cependant, celui qui pour n'importe quelle raison quitterait la colonie, pourra emporter avec lui les meubles et autres objets qu'il possédait en y entrant, ou qu'il aurait acquis pendant le séjour qu'il y aura fait ; en plus ses vêtements qui auront pu lui être achetés par la colonie, celle-ci les fournissant à tous ses membres, suivant la mesure de ses moyens et des besoins déclarés. »

2° *Travail.* — « Vu que nous n'acceptons d'autre discipline que celle que chaque individu conscient s'impose à lui-même, parce qu'il sait que, sous peine de courir aux pires catastrophes, il doit conformer sa vie à la logique des choses, il ne sera établi aucune règle conventionnelle pour le commencement ou la cessation du travail ; chacun travaillera librement selon ses forces et ses aptitudes.

3° *Rétribution et Consommation.* — « Aucun membre de la colonie n'aura aucun droit à aucune espèce de rémunération pour sa collaboration à l'œuvre commune ; tous consommeront librement selon leurs goûts et leurs besoins.

4° *Famille*. — « La collectivité ignorera l'existence des familles : celui qui aura une compagne, et même des enfants, ne sera pas tenu de produire plus que les autres, et chacun des siens aura droit à toutes les jouissances au même titre que les célibataires.

5° *Les enfants*. — « Les enfants seront élevés aux frais de la caisse communale, et pourront se consacrer exclusivement à leurs jeux, à leur instruction et au libre cours de leur vocation, aussi longtemps que les conditions économiques de la colonie le permettront. »

6° *Répartition des bénéfices*. — « Etant donné qu'au sein de la colonie nous serons encore plus ou moins soumis aux lois de la société capitaliste, il existera probablement des besoins intellectuels et moraux que les moyens de la colonie ne pourront satisfaire. Prenons un exemple au hasard. Avec les bénéfices éventuels réalisés au bout de l'année, X éprouverait le besoin d'assurer un journal de propagande ; Y celui de publier un livre, et Z celui de venir en aide aux participants d'une nouvelle colonie. Il est évident que si la somme nécessaire ne pouvait satisfaire que l'un des trois, à moins de partager les bénéfices, on devrait voter indéfiniment, comme dans un conclave, jusqu'à ce qu'il y eût une majorité suffisante pour prendre la décision définitive : mais par ce procédé, la minorité se trouverait opprimée par la majorité, devenue par ce fait autoritaire, et nous établirions ainsi précisément ce que nous voulons supprimer. Pour obvier à cet inconvénient et à cause de l'ambiance capitaliste, nous avons trouvé bon de faire le partage égal entre tous les membres adultes — et pour nous les individus des deux sexes seront adultes à l'âge de 18 ans — de la somme que les nécessités matérielles laisseront disponible. »

7° *La femme*. — « Dans la société capitaliste, la femme est surtout l'esclave de l'homme parce que son existence matérielle dépend de lui, et l'homme reste souvent esclave d'une union parce qu'il est de son devoir de ne pas abandonner sa compagne et ses enfants à tous les hasards de la misère. »

8° *Admission de nouveaux membres.* — « Pour que notre groupement soit, autant que possible, l'image de l'idéal communiste, il doit être la résultante des affinités. En conséquence, les nouveaux membres ne pourront être acceptés qu'à l'unanimité et devront déclarer par écrit qu'ils adhèrent aux principes ici exposés : ceci pour nous mettre en garde contre les mauvaises intentions d'un ennemi qui pourrait s'introduire habilement parmi nous et nous calomnier après, en prétextant des conventions inventées par lui pour les besoins de sa cause.

Au point de vue matériel, quand la colonie admettra un nouveau membre, elle ne tiendra aucun compte du travail accompli, ni des résultats obtenus par les autres. Par conséquent si le nouvel arrivant ne peut rien verser dans la caisse commune, pour que l'égalité soit maintenue entre tous, il aura immédiatement droit aux mêmes avantages que les anciens. »

9° *Désaccords possibles.* — « S'il survenait entre deux colons une discorde grave qui troublerait le bonheur des autres, et qu'il n'y ait pas moyen de les remettre d'accord, deux cas sont à considérer : ou bien tous les autres colons donneront tort à l'un d'eux, et dans ce cas il est logique que ce soit celui-ci qui doive se retirer pour que l'harmonie soit rétablie : ou bien il y aura schisme d'opinion, et, dans ce cas, il leur sera demandé à tous deux de quitter la colonie, comme constituant chacun un danger réel pour l'entente générale. Du reste, nous sommes convaincus que cette intervention ne sera pas nécessaire. »

On travaillait assez, semble-t-il : agriculture, cordonnerie, bonneterie. Même un tailleur trouva une certaine clientèle dans le milieu anarchiste, au prix de 45 francs le complet veston et 55 francs le complet jaquette.

La colonie eut aussi un succès de curiosité, elle reçut de nombreuses visites ; les dimanches et jours de fête, on venait voir la colonie du Milieu Libre. Il y est venu des littérateurs, Lucien Descaves notamment et qui en fit le sujet d'une pièce qui a eu beaucoup de succès « La Clairière ». Victor Méric, Maurice Donnay, l'académicien, y allèrent aussi et je crois que dans son roman « Les Oiseaux de Passage », M. Donnay a mis en scène Sofia Zaïkowska, qu'on appelait la princesse russe ; il en a fait l'héroïne de son roman.

La Société du Milieu Libre publiait un Bulletin dont le lecture ne manque pas d'intérêt.

Mais cette période édenique fut de courte durée.

D'abord, ils se brouillèrent avec le paysan qui leur avait donné sa maison. Celui-ci en eut bientôt assez du communisme et il assigna la colonie en restitution de la misérable maison et des quelques parcelles de terre qu'il lui avait apportées.

« Nous prenons, dit-il en termes assez verts, la liberté de reprendre ce qui nous appartient. Nous avisons donc la société, et publiquement, que nous reprenons, à partir de ladite publication, toutes les terres nous appartenant, dans l'état où elles sont, en enjoignant à ses membres de ne plus y mettre les pieds et encore moins les mains, et de nous restituer les objets qu'ils détiennent encore. Nous leur rembourserons ce qu'ils ont versé en la même monnaie qu'ils ont donnée eux-mêmes » — c'est-à-dire que n'ayant rien payé, ils ne recevraient rien.

A cette assignation, les anarchistes répondirent sur le même ton, en disant : « Si Butin veut venir dans la colonie, qu'il sache qu'il y a encore, à Vaux, quelques triques de bois vert. »

Mais tout de même, ils durent évacuer la petite maison en 1903.

Ils ne furent cependant pas bien gênés, parce que, sur ces entrefaites, ils avaient trouvé un riche industriel, plus généreux que le paysan de Vaux, qui, par sympathie, leur avait fait don gratuitement d'une maison beaucoup plus confortable que celle qu'ils avaient habitée tout d'abord.

Ce premier écueil fut donc évité. Mais il en surgit d'autres plus dangereux. Le fondateur même de la colonie et sa compagne furent accusés d'autoritarisme. Il est assez piquant, dans une colonie anarchiste, où l'on va pour fuir toute autorité, de voir l'un des fondateurs accusé d'autoritarisme par ses camarades. On accusa Butaud de dictature ; on dit qu'il n'en faisait qu'à sa tête, on lui reprocha de faire venir des compagnons sans demander l'avis de personne, de faire des réparations sans consulter l'association. Alors, le camarade, impatienté, s'en alla, et voici sa lettre d'adieu :

« On nous accuse de sectarisme, d'autoritarisme moral, de trop de logique, et on nous prie de quitter la colonie. Devant la menace de voir la colonie s'effondrer, nous la quittons, en signalant qu'ainsi la liberté des colons de Vaux est violée dans nos personnes, par l'influence de certains camarades, et même par ceux dont le principe de vie personnelle est de ne pas se livrer à la violence. »

C'est signé Butaud et Sofia Zaïkowska.

Au 1ᵉʳ janvier 1904, l'un des restants écrit : « En avons-nous accompagnés de déserteurs à la gare ! Sur 21 venus, 14 partis ! »

Les derniers fidèles s'ennuyèrent puis partirent de même et ce fut la fin.

2° *La Colonie d'Aiglemont*

En 1906, après trois ans de durée, la colonie du Milieu Libre avait vécu.

Mais sur ces entrefaites une autre s'était créée en 1903. Elle avait pour fondateur un anarchiste qui portait un nom célèbre à cette époque, aujourd'hui oublié, Fortuné Henry. C'était le frère d'un autre anarchiste qui avait été décapité, huit ans auparavant, en 1894, pour avoir lancé une bombe dans la Chambre des Députés, Fortuné Henry, dégoûté du monde, alla s'installer dans la forêt des Ardennes, dans un des endroits les plus isolés, en pleine forêt, et s'y bâtit une hutte. Il ne voulait pourtant pas rester tout seul et il fit un peu de propagande, si bien qu'à l'automne de 1904, il lui vint un compagnon, un Vendredi, si je puis dire, qui était un Italien anarchiste. Ils passèrent tous deux l'hiver à travailler, à construire une hutte plus confortable que celle où ils avaient d'abord vécu pendant l'été et qui n'était qu'une fosse creusée dans la terre ; ils défrichèrent quelques petits carrés de terre.

Mais, me direz-vous, ce terrain n'avait-il pas un propriétaire ? Et que disait celui-ci ? Il fut très conciliant et offrit de vendre son terrain pour très peu de chose, car ce coin était tout à fait inutilisé. Mais Fortuné Henry, en tant qu'anarchiste, ne pouvait se résigner à devenir propriétaire en achetant un terrain. Cette difficulté fut tournée grâce à l'intermédiaire d'un ami complaisant qui acheta le terrain et y laissa installés Henry et sa colonie.

Ils eurent un certain succès. Sa colonie devint connue sous le nom d'Aiglemont ; c'est le nom de la petite commune la plus proche. Il y eut même, dit-on, jusqu'à 500 candidats inscrits, mais un petit nombre seulement pût être admis. Elle aussi reçut des visites ; elle eut même les honneurs de deux articles dans le journal *Le Temps* (11 et 13 juin 1905) écrits par un rédacteur qui avait passé deux jours dans la colonie et qui se montra assez bienveillant. Lucien Descaves et d'autres littérateurs la visitèrent aussi.

Un épisode assez comique fût l'émission d'un emprunt de 5.000 francs, en parts de 25 francs. Cet emprunt anarchiste, qui ne fut pas tout à fait couvert, procura cependant un peu d'argent, ce qui permit à la colonie de s'agrandir. Les colons avaient des vaches, des poules ; ils menaient la vie de petits campagnards, assez à leur aise.

En mai 1905, un enfant naquit, mais comme les

parents ne voulurent pas accepter la servitude des règles de l'état-civil, il fut inscrit comme né de parents inconnus. Il serait curieux de savoir ce qu'est devenu cet anarchiste de naissance.

Seulement, ce qui s'était produit à Vaux se renouvela ici. On qualifia Henry de dictateur et on l'invita à s'en aller, ce qu'il fit. Ainsi cette colonie finit comme l'autre et par la même cause paradoxale, les libertaires étant devenus des autoritaires.

3° *Quelques autres expérimentations*

Une colonie semblable aux précédentes avait été fondée en Angleterre, près de Newcastle. C'était en 1891, donc antérieurement à celle de Vaux, par un groupe d'anarchistes, sous l'inspiration, il est vrai, d'un tchèque, ouvrier tailleur, Kapr. Une ferme de 8 hectares, Clousden Hill, fut louée. La colonie commença avec 11 personnes, dont 3 hommes seulement, mais elle compta bientôt une trentaine de personnes. Et celle-ci aussi, comme celle d'Aiglemont, eut les honneurs d'un long article du journal *Le Temps*. « En fondant la colonie, dit Kapr au rédacteur, je me suis bien juré qu'il ne s'y établirait jamais aucune autorité, et s'il venait à s'en établir une, je serais le premier à quitter Clousden Hill. » Même quand il y avait vote, c'est simplement à titre consultatif, car la minorité n'était nullement tenue de se conformer à la décision de la majorité. Chaque parti faisait à son gré — c'est l'expérience qui décidait.

Mais ce laisser-faire entraîna des scissions et finalement ceux qui restaient prirent le parti d'abandonner le communisme et de partager le domaine. Ainsi finitelle en 1898. Elle aurait pu faire une fin plus honorable et plus conforme à son principe en acceptant de se transformer en coopérative, les coopératives locales leur ayant offert leur appui.

On peut encore inscrire une colonie fondée par des anarchistes italiens au sud du Brésil, non loin des antiques missions des Jésuites, celle de Cecilia, en 1890. Mais sans doute a-t-elle échoué, ou a-t-elle fini par le dénouement fréquent du partage, car je n'en ai plus entendu parler.

On pourrait trouver çà et là d'autres essais de colonies anarchistes, tels « Les Naturiens », en Auvergne, mais qui est resté, je crois, à l'état de projet.

Et cette autre dont le nom seul est un programme : La Caverne de Zaratustra, à Tourettes-sur-Loup, et qui a groupé jusqu'à 46 « hommes des cavernes » !

Et Blarikum, en Hollande, et bon nombre d'autres qui ont été réalisées.

4° *Les Colonies de Robinsons*

Parmi les colonies existant encore aujourd'hui et qui peuvent être classées dans ce chapitre des anarchistes, faute de caractéristiques très précises, on peut inscrire celles qui ressuscitent le roman de Robinson — non pas le Robinson de Foë qui, seul dans son île, ou même avec Vendredi, ne pouvait constituer une colonie communiste — mais le Robinson suisse de Wyss qui fit souche dans une île déserte avec toute sa famille.

J'en connais au moins deux.

Il y en a une qui dure depuis un siècle et demi ! Son histoire extraordinaire est faite pour un cinéma. Elle vient d'être racontée à nouveau dans un roman « L'Equipage révolté », de M. Maurice Soulié. Le journal *Le Temps* a publié, il y a quelques semaines, un grand article sur ce livre.

A la veille de la Révolution française, en 1770, un navire anglais, la *Bounty*, aborda à l'île de Tahiti, célèbre à ce moment-là comme un jardin d'Eden, mais certes pas avant le péché, disons plutôt l'île de Cythère. Les matelots s'y trouvèrent si bien qu'ils ne voulurent plus s'en aller.

Le capitaine anglais qui commandait le bateau les força à s'embarquer ; mais en route, les matelots furieux se débarrassèrent du capitaine et de ceux de l'équipage qui étaient restés loyalistes, en les abandonnant en pleine mer dans des canots ; et ils reprirent le chemin de Tahiti, pour aller retrouver les délices qu'ils y avaient goutées.

Cependant, ils pensèrent que s'ils restaient à Tahiti, ils ne tarderaient pas à être pris et pendus. Alors, ils résolurent d'aller fonder une colonie dans une autre île.

Ils partirent donc : 8 Anglais et 8 ménages indigènes, maris et femmes, et allèrent se réfugier dans une petite île du Pacifique, l'île de Pitcairn, où ils s'installèrent.

Là se déroula une longue et dramatique histoire. Les huit femmes indigènes tuèrent successivement leurs maris. Il ne resta plus alors que les 8 Anglais et les 8 veuves.

Mais les Anglais finirent par s'entretuer aussi, ce qui fait qu'il ne resta plus que 4 Anglais et 7 femmes indigènes. Ce fut là le noyau de la colonie communiste.

Elle resta très longtemps ignorée, avant d'être découverte par un navire anglais. Pendant ce temps on avait retrouvé le capitaine qui avait raconté l'histoire ; mais comme plus de trente années s'étaient écoulées, la prescription était acquise et on les laissa tranquille.

Il arriva un jour que cette famille patriarcale devint trop nombreuse pour que l'île, qui était plutôt stérile, pût les nourrir. Alors ils se transplantèrent, en 1835, dans l'île australienne de Norfolk. Ils y sont encore, c'est-à-dire après près d'un siècle et demi.

Ils sont au nombre de 400 habitants ; aux dernières nouvelles que j'en aie, mais qui étaient de 1924, ils forment une colonie tout à fait communiste mais qui, malgré ses fâcheuses origines, semble avoir connu des jours plus heureux et plus paisibles que les autres colonies que nous avons vues sur notre route.

La deuxième colonie dont je veux dire un mot s'est aussi constituée dans une île, dans l'île la plus reculée du monde, l'île de Tristan da Cunha, dans l'Océan Atlantique Austral, à peu près à égale distance du sud de l'Afrique et du sud de l'Amérique, à 3.000 kilomètres de chacun de ces continents, et l'on n'y va jamais.

Elle a été découverte au XVI° siècle et est restée pendant trois siècles complètement inhabitée ; ce fut seulement au siècle dernier, en 1811, qu'elle reçut quelques habitants qui, depuis lors, par conséquent depuis plus d'un siècle, vivent là absolument isolés, n'ayant de communications avec le monde que tous les ans ou tous les deux ans, et eux aussi ont formé une colonie communiste. Chaque famille a sa petite maison et si elle veut défricher et enclore un terrain, elle peut en garder les fruits. Mais si elle cesse de travailler ou en cas de mort, l'enclos retourne à la communauté. Du reste, la culture du grain n'est pas possible tant les rats y pullulent.

Et il faut croire qu'on n'y est pas malheureux, car en 1904 on y envoya de la Colonie du Cap une mission, pour leur offrir de quitter cette espèce de solitude et de venir s'installer dans l'Afrique du Sud où on leur concéderait des terres. Il y eut un plébiscite, et à l'unanimité ils décidèrent qu'ils préféraient rester dans leur île. Aux dernières nouvelles, qui sont déjà un peu anciennes, — car je ne sache pas qu'il y ait la télégraphie sans fil à Tristan da Cunha — la colonie comptait 70 habitants appartenant à 16 familles (1).

Peut-être y en a-t-il une troisième — et celle-ci dans l'île même de Robinson Crusoé, dans l'île où était le matelot qui a servi de type à la fameuse histoire, l'île Maso Fuero dans l'archipel de Juan Fernandez. Le gouvernement du Chili, pour se débarrasser des communistes, les a déportés récemment dans cette île, en les laissant libres de se constituer en colonie communiste,

____

(1) Cette histoire vient précisément de paraître, mais trop tard pour que nous ayons pu l'utiliser : L'Ile abandonnée, par Rose-Annie Rogers. — Librairie Simon Frères.

si le cœur leur en dit. Mais j'ignore la suite de cette opération pénitentiaire.

Il y a encore quelques autres colonies dans l'Amérique du Sud dont les noms sont restés dans l'histoire des expérimentations communistes, mais dont on ne saurait dire exactement dans quelles catégorie elles devraient être classées — anarchistes ou socialistes, telles: Les Bons Amis (*Buenos Amigos*), au Pérou, 1853 ; Cecilia, au Brésil, sur le Parana, fondée par des Italiens en 1890.

CHAPITRE IX

LES COMMUNAUTES AGRAIRES

Arrivons à une forme plus moderne de sociétés communistes : ce sont encore des communautés mais seulement agraires. On les appelle, en Amérique, d'un nom un peu bizarre, les enclaves : c'est-à-dire des îlots socialistes émergeant dans l'océan capitaliste.

Ce sont des communautés qui abandonnent absolument la règle ancienne du vrai communisme, c'est-à-dire qui excluent la communauté d'habitation, la communauté de consommation, la communauté dans le travail, dans la production, et même dans la répartition, car chacun garde pour soi le produit de son travail.

Mais alors, que reste-t-il en fait de communisme ?

Il reste ceci, c'est que la terre n'est pas appropriée individuellement : elle est partagée en autant de lots qu'il y a de membres de la société ; mais ces lots sont concédés non à titre perpétuel absolu et définitif mais à titre de possession à long terme, laissant à chacun la liberté de vivre à son gré et de moissonner ce qu'il aura semé.

§ 1. — Principes du collectivisme agraire.

Avant de décrire le régime de ces communautés agraires, je voudrais expliquer les principes généraux sur lesquels leur programme est fondé.

Le socialisme marxiste ne fait pas de distinction entre la terre et les capitaux : l'un et l'autre, étant facteurs de la production, doivent être socialisés et arrachés à la propriété individuelle.

Eh bien, le collectivisme agraire dit non ! il établit une distinction essentielle entre ces deux catégories de biens, le capital et la terre. Il est vrai que la terre, mais aussi le sous-sol, présentent certains caractères qui les différencient absolument du capital.

La première différence c'est que le capital est un produit du travail et non la terre.

Je sais bien que les collectivistes nient que le capital soit un produit du travail ; ils disent que ce qui fait le capital ce n'est pas du tout le travail : c'est le profit, c'est la spéculation, c'est la spoliation.

Mais même en supposant que cette thèse fut fondée, il faudrait reconnaître que bons ou mauvais, la spéculation, le vol, l'usure, sont des actes de l'homme, des manifestations de l'initiative individuelle. Les valeurs ainsi créées sont tout de même des créations ! L'œuvre de Satan est aussi une œuvre individuelle.

Mais la terre non ! On ne peut y voir un produit du travail, ni de la fraude : — ni dans sa nature, puisqu'il est évident que le sol, le sous-sol ce n'est pas l'homme qui les a créés ; — ni dans sa valeur, parce que cette valeur, c'est le milieu social, c'est la pression de la population, ce sont les circonstances, les conjonctures, comme disent les Allemands, telles que les moyens de transport, le développement des besoins, etc., qui la créent.

Qui pourra dire que le prix d'un mètre carré de terrain à Paris est le produit du travail ? Du travail de qui ? Simplement de la présence de quatre millions de Parisiens qui sont venus s'agglomérer là et ont exercé une pression formidable sur la valeur du terrain.

Une seconde différence c'est que la terre est une richesse perpétuelle, tandis que, comme toutes les créations de l'homme, le capital n'a qu'une durée temporaire et souvent même éphémère. Le capital, sous la forme réelle, concrète, n'a qu'une courte vie. Il s'use, il se consume, tandis que la terre dure éternellement.

On peut, sans doute, par des artifices juridiques, lui conférer une sorte de perpétuité ; ont peut créer ce qu'on nomme « des rentes perpétuelles » — mais ce ne sont que des fictions.

Il suffit de voir en ce moment même ce que sont devenues entre les mains des rentiers ces rentes dites perpétuelles ! Elles se sont volatilisées.

Et quelle est la conséquence, au point de vue social ? C'est que les inégalités que crée le capital, ces inégalités formidables de la fortune et de la misère, ne sont pas généralement elles-mêmes permanentes. Quand il s'agit des fortunes mobilières, la roue de la Fortune n'est pas une simple image : elle tourne en effet sans cesse : combien de fortunes mobilières qui sont nées d'hier ! mais combien peu y en a-t-il qui datent d'un siècle !

Mais la terre ne change pas, et par suite les inégalités qu'elle établit entre les hommes sont des inégalités permanentes : ce sont celles-ci qui ont créé les patriciens et les plébéiens, qui ont fait le régime féodal, les aristocraties, la souveraineté des lords, en un mot, qui font l'histoire.

La terre a encore ce troisième caractère d'être la source de toutes les richesses, sans exception : aucune qui ne soit sortie de son sein — hormis les poissons et les perles du fond des mers — et par conséquent la terre peut procurer à celui qui la posséderait totalement et exclusivement, la toute puissance économique.

On parle beaucoup aujourd'hui des « puissances de l'argent » ; c'est un mot dont on abuse. Je ne conteste pas la puissance de l'argent, mais croyez bien que si la terre se trouvait entre les mains d'une classe, les pouvoirs de celle-ci seraient autrement efficaces que ceux des manieurs d'argent.

Songez enfin à ce quatrième caractère que la terre est

en quantité limitée, limitée en étendue comme la surface même de notre globe.

Sans doute, on dira que la terre est grande pour notre petite humanité, qu'il y a encore de la marge pour les besoins futurs de ceux qui viendront. Mais les réserves de terres encore disponibles sur notre planète diminuent rapidement, d'une génération à l'autre ; en sorte qu'on ne peut échapper à cette conclusion que si la terre doit rester propriété privée, cette propriété foncière tendra vers le monopole. Elle l'est déjà dans tous les pays où des propriétaires dressent des barrières protectionnistes contre la concurrence des terres libres encore existantes.

Le capital, lui, n'est jamais en quantité limitée. Qu'il soit le fruit du travail et de l'épargne, comme disent les économistes, ou qu'il soit le produit de la spéculation et de l'exploitation — comme disent les socialistes — en tout cas, la source est intarissable.

On ne peut donc pas craindre que le capital puisse jamais être monopolisé. On peut bien réaliser un monopole de fait par des coalitions ou des trusts ; mais ce sont là des monopoles éphémères.

Voilà donc autant de raisons pour reconnaître la communauté de la terre, tout en se refusant à reconnaître la communauté du capital.

Je pourrais ajouter d'autres traits à ceux que je viens d'énumérer. Je pourrais dire encore que la propriété de la terre rend plus saisissante, plus irritante, la différenciation entre le possesseur et le prolétaire. Car dans le monde capitaliste, le capitaliste et le prolétaire s'ignorent ; ils ne se connaissent pas, ils ne se voient pas. Ils peuvent bien se rencontrer dans la petite industrie, mais si vous prenez le capitaliste à l'état pur, qui est l'actionnaire, il ne sait jamais quel est le travailleur qui lui fournit ses dividendes.

Et inversement l'ouvrier ignore entre les mains de

qui va le fruit de son travail. Ce n'est pas pour rien que les sociétés sont dites anonymes.

Mais pour le fermier et même pour le travailleur rural, le propriétaire n'est jamais anonyme. Même quand, en grand seigneur, il ne daigne pas venir sur ses terres, même quand il est « absentéiste », ceux qui travaillent pour lui et dont il mange les fruits ne l'ignorent pas : ils savent son nom et à qui ils peuvent montrer le poing. L'opposition entre le travailleur et l'oisif, ceux que les anciens appelaient déjà *fruges consumere nati* (nés pour consommer les fruits du travail) apparaît ici bien plus brutalement. Et c'est pourquoi il n'y a rien de pire que les révoltes agraires. La Révolution bolcheviste, quoique menée par des intellectuels, a été une révolte agraire.

Voilà pourquoi un socialisme agraire s'est fondé qui veut bien le collectivisme de la terre mais non celui du capital. Et il y a un bon nombre d'économistes et de philosophes qui, sans être collectivistes et marxistes, se sont convertis au collectivisme agraire. Il y a eu Stuart Mill, il y a eu Herbert Spencer, qui, il est vrai, plus tard y a renoncé pour des raisons d'opportunité ; il y a eu en France l'économiste Léon Walras, et des philosophes comme Renouvier, Fouillée.

Alors, que proposent ceux qui adhèrent à ce programme du collectivisme agraire ?

La création de communautés agraires telle que nous allons la décrire est une de ces réformes. Ce n'est pas la seule ; il y en a bien d'autres que nous n'avons pas à exposer ici parce qu'elles sont en dehors du cadre de ce cours — telles, pour ne citer que les plus connues :

le système du rachat de la terre par l'Etat, de Léon Walras, toute la terre devenant propriété nationale.

le système dit de « l'impôt unique » d'Henri George, c'est-à-dire la nationalisation de la rente seulement, la propriété du fonds demeurant entière.

Quelques mots sur les communautés agraires.

§ 2. — Fairhope.

Ce mouvement a été inauguré en Amérique, en 1904, par la colonie de Fair Hope, « L'Espoir Loyal ».

Cette colonie existe encore aujourd'hui, après trente-six ans d'existence. Elle est située dans l'Alabama, sur la rive du golfe du Mexique. Elle a été le prototype d'un assez grand nombre de communautés semblables. Il y en a plus d'une douzaine, presque toutes aux Etats-Unis et une petite en France, qui possèdent d'assez grands espaces de terre et sont constituées sur le modèle que je viens d'indiquer sommairement.

A Fairhope il y a aujourd'hui 400 habitants ; c'est donc un gros village. Chacun a sa maison séparée ; il y a 84 maisons d'habitation, trois magasins d'approvisionnement, une société coopérative, des drogueries, une boulangerie, une épicerie, une scierie, une imprimerie, un tailleur, un cordonnier, un dentiste, un coiffeur, etc., même un petit port de mer. Elle publie un journal, *Le Courrier de Fairhope*. Il y a également un temple ; car cette colonie, quoiqu'elle ne constitue pas une secte religieuse, telle que celles que nous avons passées en revue, n'est pas non plus antireligieuse comme l'étaient les associations anarchistes ou communistes.

« Cette société, disent les statuts, à la différence de celles que nous avons vues, n'a pas pour objet de fournir à ses administrés le pain quotidien — à eux le soin de le gagner eux-mêmes — mais de leur offrir seulement, moyennant un droit d'entrée de 100 dollars, un lieu d'asile, de retraite laïque, où ils seront à l'abri des querelles politiques, des fraudes commerciales, de la poursuite du profit, et seront exonérés de tous impôts, car c'est l'association qui les prend à sa charge. »

Elle possède un grand terrain de 640 hectares qui appartient en commun à la société.

Les terres, disent les statuts, sont équitablement partagées et données à bail pour 99 ans aux membres de la communauté, à un loyer évalué chaque année, avec révision du bail.

§ 3. — La colonie de Liéfra.

Mais au lieu d'aller si loin chercher un type de ces communautés agricoles, regardons plutôt, près de nous, une petite colonie française que tout le monde peut aller visiter. Ce n'est, il est vrai, qu'un insecte dans cette espèce de vaste faune des sociétés communistes ; néanmoins elle réunit sur une petite échelle les caractères essentiels des colonies américaines communistes.

Elle s'appelle Liéfra, mot composé des premières lettres de chacun des trois mots Liberté, Egalité, Fraternité. Elle a été créée en 1908, il y a donc exactement 30 ans, par un collègue professeur à l'Ecole des Hautes Etudes, M. Paul Passy, fils de l'économiste Frédéric Passy, bien connu à la fin du siècle dernier, et qui fut un grand apôtre du pacifisme et un disciple inébranlable de Bastiat. Mais alors que Frédéric Passy appartenait à l'école libérale pure et même individualiste, son fils est devenu socialiste communiste. Toutefois, il est en même temps socialiste chrétien ; il est l'initiateur et le président d'une toute petite société qui s'appelle les Socialistes Chrétiens. La plupart sont protestants — il y avait aussi parmi eux un professeur à la Faculté de Droit de Caen, M. Biville, mort prématurément. Ils pensent que le vrai christianisme non seulement n'est pas incompatible avec le socialisme mais qu'il ne peut être que socialiste, s'il veut s'inspirer courageusement de l'enseignement de Jésus et des Apôtres. C'est là, bien entendu, un socialisme tout opposé à celui de Karl Marx.

M. Paul Passy s'est contenté de tenter l'expérience sous la forme d'une communauté agraire. Ce n'est pas qu'il ne considère que le capital ne doive, comme la terre, être aussi socialisé, mais c'est la propriété de la terre qui lui paraît plus directement en opposition avec les principes de la justice et avec les enseignements de la Bible.

Cette colonie donc aurait pu figurer dans notre chapitre des colonies à inspiration religieuse, non pas qu'il y ait à produire aucun billet de confession : la colonie est ouverte sans distinction de religion et de secte ; mais en fait les colons ont plus ou moins l'esprit du fondateur. C'est là une certaine garantie de vie pour cette colonie de Liéfra, puisque nous avons vu que, somme toute, c'étaient les communautés d'inspiration religieuse qui avaient le mieux prospéré aux Etats-Unis et qui avaient duré le plus longtemps.

M. P. Passy avait fait un petit héritage de 50.000 francs et il l'employa à acheter, aux environs de Troyes, dans l'Aube, près d'un petit village qui s'appelle Fontette, une ferme de 70 hectares, sur laquelle il a installé sa colonie de Liéfra. C'était en 1908, il y a donc 20 ans.

Les colons étaient au nombre de huit. Au début le domaine n'était pas à l'état de communauté mais était resté la propriété privée de M. Passy. Le fondateur avait voulu éviter que, au cas où la colonie deviendrait prospère, elle ne subît le sort qu'ont subi tant d'autres colonies dont les membres ont demandé le partage. Pourtant, en 1912, le domaine a été transféré à la société.

L'association a été constituée sous ce titre modeste : « Association Coopérative de Production Agricole ».

Elle a été constituée avec un capital ridiculement petit, mais qui n'est que nominal : 600 francs en 12 actions. M. Passy en a pris une et les colons — il n'y en avait au début que 8 — ont pris les autres.

Il n'y avait rien en caisse que cet infime capital, car les 50.000 francs dont j'ai parlé avaient été absorbés en entier : 25.000 pour l'acquisition du domaine et l'installation avaient coûté encore 25.000 francs.

On a fait deux parts dans le domaine :

Une part doit rester commune, en ce sens que le travail s'y fera en commun et que les récoltes qu'elle donnera seront portées au compte de l'association ;

ainsi se constituera la commune réserve pour l'avenir, pour fournir des lots aux nouveaux colons qui pourraient arriver.

Vous vous rappelez que, dans les colonies des Jésuites du Paraguay, il y avait cette même division. Il est assez intéressant de retrouver ici les mêmes règles : cela prouve qu'elles ne viennent pas de l'imagination des fondateurs mais qu'elles sont nécessitées par les circonstances.

Toute l'autre partie, la plus considérable du domaine, est partagée en lots entre les familles ; ce sont de petits lots, suffisants pour permettre à la famille de vivre mais pas assez grands pour nécessiter d'autre main-d'œuvre que celle de la famille du concessionnaire. La surface varie, parce que les terrains sont plus ou moins fertiles, plus ou moins bien placés ; on s'arrange donc pour diviser les lots de façon que chacun représente, avec des étendues différentes et des localisations différentes, à peu près la même valeur. Cependant chaque famille peut affermer, si elle le veut les terres disponibles.

Chaque famille aura donc son lot ; elle le cultivera comme elle voudra.

Quant au gouvernement il est tout à fait démocratique ; l'assemblée des sociétaires se gouverne comme elle l'entend ; M. Paul Passy n'exerce aucune espèce d'autorité dictatoriale.

Dans toutes les communautés agraires, à Fairhope, dans les colonies sionistes que nous verrons plus loin, il y a une autre règle imposée et essentielle : c'est que tout possesseur de la terre qui cesse de la cultiver perd son lot. Et c'est rationnel puisque la propriété foncière y est considérée comme une fonction publique. Pourtant à Liéfra cette règle du travail obligatoire, comme condition de la propriété, n'est pas édictée. C'est sans doute par un scrupule de libéralisme qui confine ici à l'anarchisme, que M. Passy n'a pas voulu inscrire cette obligation dans les statuts, la laissant à la conscience de chacun.

Et les bénéfices, que deviennent-ils ?

Pour les terres qui sont allotties, chacun garde pour soi tout ce qu'elles produisent.

Mais sur la partie collective, qui est travaillée en commun, c'est différent. C'est sur cette partie commune qu'est prélevé d'abord l'intérêt des actions, de ce modeste capital dont je parlais tout à l'heure. Puis une moitié est mise en réserve pour permettre à l'association de se développer, d'acheter de nouvelles terres ; quant à l'autre moitié, elle est partagée par parts égales entre tous les membres qui y ont travaillé.

A l'heure actuelle, la colonie de Liéfra se compose de 5 familles, avec 22 personnes seulement. On ne peut pas recevoir beaucoup de colons parce que le domaine, malgré quelques agrandissements ne dépasse pas 130 hectares. Si vous comptez 3 hectares par tête, cela fait 66 hectares ; vous voyez qu'il reste encore une grosse marge pour le domaine collectif.

Pour recevoir de nouveaux colons il faudrait acheter de nouvelles installations et pour cela trouver de nouveaux capitaux — que M. Passy serait bien aise d'avoir et qu'il demande.

Cependant, si la colonie ne s'est pas beaucoup agrandie quant au nombre des colons, elle a rayonné sous forme de diverses œuvres qui sont intéressantes et qui, quoique un peu en dehors de notre sujet, doivent être rapidement énumérées comme caractéristiques.

D'abord un orphelinat qu'on appelle Le Nid. Il a été créé pendant la guerre pour les enfants de parents réfugiés ou tués. Vous savez combien il y en a eu en France ; pas tant de centaines de mille qu'en Russie, mais tout de même assez. On recueille ces enfants, on les élève, on leur apprend la vie agricole ; il y en a actuellement une trentaine qui forment, du moins on l'espère une pépinière de nouveaux colons pour la colonie de Liéfra.

Une seconde institution qui s'est greffée sur cette colonie et qui date de deux ans seulement, c'est une « Université paysanne internationale ».

Paul Passy avait été très frappé d'une institution semblable qui a été créée il y a trois ans au Danemark et où il avait été faire un séjour. C'est une école où l'on fait appel aux jeunes de toutes les nations afin de développer entre eux des sentiments de fraternité internationale. Il y est venu des jeunes gens de tous les pays, excepté de France, parce que chez nous on y a vu une espèce d'œuvre de germanisation.

C'est ce que Passy a voulu faire sur une échelle plus modeste, à Liéfra. L'école n'est ouverte que pendant l'été. Ce ne sont pas précisément des intellectuels qui y viennent mais des membres de familles ouvrières ou paysannes ; et seulement pendant l'été, parce que l'installation est trop inconfortable pour la saison d'hiver.

L'école n'a pas beaucoup de monde. Elle a réuni cependant des étudiants de sept ou huit nationalités différentes, même d'Irlande, mais elle ne peut pas attirer beaucoup d'adhérents de la classe ouvrière en France parce que, bien que la nourriture soit très frugale et qu'on demande à chaque étudiant une heure au moins de travail manuel par jour, il faut cependant payer une pension de 750 francs par mois, c'est une somme un peu élevée pour des fils de paysans ou d'ouvriers.

Il est plus facile de trouver des professeurs de bonne volonté qui font des cours en différentes langues.

Une troisième institution, mais qui n'est encore qu'à l'état de projet, c'est le crédit agricole.

Car il va sans dire que ces colons de Liéfra n'ont pas d'argent. Ce n'est pas avec un misérable capital de 600 francs, qui est depuis longtemps mangé d'ailleurs, qu'on peut faire quelque chose. Ils sont donc obligés d'emprunter dans des conditions onéreuses. Et ce serait pour eux un grand avantage que d'avoir, comme déjà plusieurs milliers de communes en France, une coopérative de crédit mutuel.

Mais pour commencer, en attendant les subventions de l'Etat qui sont de droit, M. Passy demande 6.000 francs pour la caisse de crédit et 25.000 francs pour l'Université paysanne internationale. Il n'a trouvé encore ni l'une ni l'autre de ces modestes sommes.

Ce qu'il y a d'intéressant dans ces colonies comme dans celles de Palestine que nous verrons tout à l'heure, c'est qu'elles inaugurent une forme nouvelle de la propriété foncière.

Mais, peut-on demander, en quoi la situation des membres de ces colonies agraires diffère-t-elle de celle des fermiers ordinaires ou de celle des petits paysans propriétaires ? Voyons en quoi elle se distingue des uns et des autres.

1° Les colons ne sont pas dans la même situation que le paysan français propriétaire.

Car d'abord ils sont tenus de payer un prix de location, tout comme s'ils étaient simples fermiers de l'association. En outre, ils sont soumis à certaines règles qu'on pourrait appeler à bon droit des servitudes dans l'intérêt de la communauté, indispensables si on veut que la communauté subsiste.

C'est donc une propriété individuelle, mais qui ne comporte pas les trois attributs classiques de la propriété absolue, de la propriété du droit romain, lesquels s'expriment par les mots *jus utendi, fruendi, abutendi*. Ici, le colon n'a que les deux premiers de ces droits : le droit d'user et le droit de recueillir les fruits, mais il n'a pas le *jus abutendi*. Un colon ne peut pas vendre son lot, sinon à l'un des membres de l'association. Et encore, à la condition que cette aliénation n'ait pas pour effet de doubler la part du sociétaire acquéreur, parce que celui-ci se trouverait alors dans la situation d'un gros propriétaire faisant valoir par l'emploi d'une main-d'œuvre salariée. Il faut maintenir l'égalité des lots.

Le colon ne peut pas consentir d'hypothèque sur son lot.

Il y a un règlement plus grave ; c'est que, tous les dix ans, on fera une revision des lots. Si l'un des lots a acquis une valeur trop considérable, à la suite de certaines circonstances locales, le lot sera réduit ou le prix de la concession augmenté. Inversement, si l'une des familles a un plus grand nombre d'enfants, tandis qu'une autre, par le fait de la mort, a diminué, on établira ce qu'on appelle d'un mot, très employé aujourd'hui, une péréquation.

Il est évident que la perspective de cette péréquation décennale change tout à fait le caractère de la propriété. Si nos paysans français étaient soumis par la loi à une telle révision périodique, vous entendriez leurs clameurs !

Il y a donc, à tous ces points de vue, des restrictions à ce qu'on nomme le droit de propriété.

Et les économistes ne manqueront pas de dire que par là il perdra ses vertus stimulantes. M. Paul Passy lui-même reconnaît que les colons ne portent pas dans leur culture la même énergie que les paysans voisins. Telle est la force de l'intérêt individuel.

2° En quoi maintenant la situation de ces colons diffère-t-elle de celles des fermiers ordinaires ?

La supériorité est grande.

D'abord, ces concessionnaires sont assurés de rester en possession de leur lot indéfiniment : 99 ans, ce qui est le terme légal de la société. Et ce qui veut dire que la concession servira aussi pour leurs enfants ; c'est donc un bail héréditaire. C'est ce qu'on appelait autrefois le bail emphytéotique, qui existait au moyen-âge, mais qui a à peu près disparu depuis.

Leur situation diffère encore en ce que le colon a droit à ce qu'il lui soit tenu compte de toute plus-value due à son travail ou à ses dépenses ; s'il a bâti une maison, il en garde la valeur ; s'il a fait des réparations, il est indemnisé. Il est donc sûr de retrouver les produits de son travail.

Pourtant, direz-vous, puisqu'il est soumis à la révision comme un fermier ordinaire, on pourra lui dire un jour : Vous ne payez pas assez de fermage ; il faut payer davantage !

C'est vrai. Mais quelle différence avec la situation du fermier sous le régime actuel ! Cette révision n'aura lieu que tous les dix ans, à terme fixe ; elle sera faite non pas par un propriétaire qui cherche à exploiter son fermier et à lui faire payer le plus cher possible, mais par la communauté elle-même : c'est en famille, peut-on dire, qu'on fera, s'il y a lieu, cette révision, et en tout cas elle sera faite pour tous sur la même base.

§ 4. — Les colonies sionistes de Palestine.

Transportons-nous, bien loin des États-Unis, en Palestine, aujourd'hui. Depuis peu d'années, depuis le réveil sioniste, il y a eu dans ce pays une floraison de communautés, plus riche que celle des États-Unis. La Palestine est, au point de vue social, une de ces foires d'échantillons, si à la mode aujourd'hui, où l'on trouve rassemblés des spécimens d'associations de tous les types qui vont de l'individualisme jusqu'au communisme le plus complet, en passant par tous les degrés de la coopération.

Est-il besoin de rappeler que depuis la prise de Jérusalem par Titus, en l'an 70, les Juifs de Palestine avaient été dispersés dans le monde entier. C'est ce qu'ils appellent dans leur langue la grande dispersion, la diaspora. Il ne restait presque plus de Juifs en Palestine ; seulement de très vieux Juifs qui revenaient là pour prier et pleurer au pied du mur des Lamentations (soubassement du Temple de Salomon ou tout au moins de celui d'Hérode) et pour se faire enterrer dans la vallée de Josaphat. Mais il n'y en avait guère qui vinssent là pour travailler.

C'est en 1882, il y a par conséquent 46 ans, que la première colonie proprement dite, qui n'avait rien de communiste, une colonie d'agriculteurs, s'établit près du port de Jaffa, à un endroit qui est célèbre encore aujourd'hui puisque c'est la plus ancienne de toutes ces colonies, à Richon les Sion. Elle était bien malade quand le baron Edmond de Rothschild vint à son secours, le même qui a donné à la France je ne sais combien de millions pour la création de l'Institut de Chimie et pour tant d'autres œuvres. Intéressé par ce premier essai, il prit l'initiative de créer d'autres colonies, afin de permettre à quelques-uns de ses coreligionnaires d'aller s'établir dans leur pays d'origine.

Le programme du Baron — on ne le connaît en Palestine que sous ce nom — n'avait, comme on peut le penser, rien de communiste. Il achetait un domaine bien situé, il y installait quelques immigrants juifs qui, généralement, ne savaient rien du travail agricole — les Juifs sont en tous pays des trafiquants, des commerçants, des banquiers, des usuriers, mais non des agriculteurs, et ce n'est pas leur faute, car il y a bien des pays où il leur est défendu de posséder la terre et même de vivre à la campagne. Mais ces Juifs travaillaient là pendant quelques années, apprenaient le métier d'agriculteur, et quand ils avaient fait un stage jugé suffisant, le Baron partageait le domaine entre eux. Chacun prenait sa part et devenait alors un propriétaire indépendant, qui n'avait plus avec ses camarades d'autres liens que ceux qui naissent tout naturellement de la communauté d'origine et aussi du voisinage, puisqu'ils étaient, par la force des choses, rapprochés les uns des autres.

Ainsi se sont formées plusieurs colonies qui sont

aujourd'hui très prospères ; ce sont même les plus riches. Quelques-unes sont devenues de gracieuses petites villes, comme celle de Zichron Jacob, sur les coteaux qui dominent les rivages de l'antique Césarée.

Il y en a aujourd'hui une trentaine, possédant environ 40.000 hectares, qui sont presque toutes prospères économiquement. Celle de Richon-les-Sion, par exemple, la plus ancienne de toutes, est connue dans tous les pays par ses vins, un vin doré aussi beau que les meilleurs crus de France ; elle produit également des oranges, du tabac, etc.

Seulement, ces colonies n'ont rien de particulièrement intéressant au point de vue social. Elles servent à créer des colons propriétaires ; elles emploient la main-d'œuvre salariée — beaucoup plus souvent celle des Arabes que celle des Juifs — et sont en dehors du programme de ce cours.

Mais voici qu'un changement considérable s'est produit dans l'histoire de la Palestine par suite de la grande guerre.

Le 9 décembre 1917, l'armée anglaise est entrée à Jérusalem, ayant à sa tête le général, aujourd'hui maréchal, Allenby. C'était la quinzième fois dans sa miraculeuse histoire que Jérusalem était prise : Assyriens, Égyptiens, Perses, Grecs, Romains, Arabes, Turcs, Francs, et chaque fois avec quels massacres ! Mais cette fois il n'y eut point de siège ni d'assaut ; l'armée turque s'était retirée et le général, descendant de cheval, avait voulu entrer à pied dans la ville sainte où Jésus était entré, monté sur un âne.

Quelques jours auparavant, le 2 novembre 1917, lord Balfour qui était à ce moment-là ministre, dans une lettre adressée à lord Rothschild, avait déclaré officiellement que l'Angleterre « envisageait avec bienveillance l'établissement en Palestine du Foyer National Juif, et ferait tous ses efforts pour le faciliter ». Cela ne voulait pas dire qu'elle reconnaissait l'existence d'un État juif indépendant, mais que le Gouvernement britannique était disposé à organiser un asile pour tous les Juifs qui voudraient venir s'y réfugier.

Ce fut, dans tout le monde juif, un événement sans pareil, le plus grand événement de l'histoire depuis celui dont je parlais tout à l'heure, la prise de Jérusalem par Titus.

Il faut dire, pour comprendre cette exaltation du monde juif, que la restauration de Sion, non seulement avait été l'objet constant des prophéties et que le salut rituel des Juifs au jour de Pâques était : « L'an prochain à Jérusalem ! », mais que depuis la fin du siècle précédent la réalisation de cette prophétie était à l'ordre du jour. Elle s'était incarnée en la personne d'un journaliste viennois, Hertz, qui était même entré en négociations à cet effet avec le sinistre sultan Abdul Hamid, mais sans succès. Découragés, les Sionistes avaient presque renoncé à ressusciter le royaume de Palestine et on cherchait dans les déserts de l'Est de l'Afrique un lieu d'asile pour les fils d'Israël.

Quand donc fut publié cette déclaration de lord Balfour, le Sionisme reprit une vie nouvelle et de tous les pays, du moins de tous ceux où les Juifs étaient persécutés et martyrisés, on les vit arriver pour repeupler la Terre Sainte.

Et c'est alors que naquirent des colonies tout à fait différentes de celles du Baron et qui, celles-ci, peuvent être classées dans la catégorie que nous étudions dans ce chapitre, les communautés agraires.

Il fut créé à cet effet deux Fonds nationaux, l'un qui s'occupe de la colonisation en général, le Keren Hayesod, l'autre qui s'occupe spécialement de l'achat des terres, le Keren Kayemeth.

Le Keren Kayemeth fit ce qu'avait fait le baron de Rothschild ; il acheta des domaines avec l'argent qu'il recevait de souscriptions recueillies dans tout le monde juif. Seulement, à la différence de ce qu'avait fait le Baron, ces domaines ne furent jamais aliénés ni partagés. Les colons qu'il y installa ne le furent pas à titre de candidats à la propriété définitive, mais seulement à titre de concessionnaires, de fermiers, si vous voulez, mais fermiers dans le sens que j'ai expliqué à propos de Liéfra, c'est-à-dire fermiers héréditaires, avec presque tous les attributs de la propriété.

Pourquoi le Fonds National Juif, pour l'appeler par son nom français, ne voulut-il pas aliéner ces terres ?

C'était d'abord une raison religieuse, théocratique : c'était le désir de remettre en vigueur la loi de Moïse. Il y a un texte célèbre de la Bible :

« Les terres ne se vendront point à perpétuité, car la terre est à moi, dit l'Eternel. » (1).

Mais comment faut-il comprendre ce texte ? Veut-il dire que, la terre, parce qu'ayant été créée par Dieu, doit rester commune à tous les enfants de Dieu, à tous les hommes ? Ce serait alors une anticipation du socialisme agraire, de la nationalisation du sol dont nous avons parlé ci-dessus (p. 175) mais ce n'est pas ainsi qu'il faut l'interpréter. La preuve c'est que ces mêmes livres de la Bible nous disent qu'après la conquête de la Palestine par Josué, la terre de Chanaan fut rigoureusement partagée entre les douze tribus et, dans chaque tribu, par parties égales pour chaque famille. Ce partage implique bien le système de la propriété individuelle, ou tout au moins de la propriété familiale héréditaire.

Oui, mais la véritable signification de ce texte : « la terre est à Moi, dit l'Eternel », c'est que la terre est hors commerce, comme disent les jurisconsultes, c'est-à-dire inaliénable. La terre ne doit pas être un objet qu'on vend et qu'on achète. Le texte le dit expressément.

Du reste cette idée ne se trouve pas seulement dans la Bible : elle est dans toutes les civilisations primitives. Les tribus nègres d'Afrique n'admettent pas non plus que la terre se vende, ils disent : on peut vendre

____

(1) Dans le *Lévitique*, ch. xxv, 93, et aussi dans l'*Exode*, ch. xix, 5.

et acheter tout ce qu'on peut transporter, tout ce qui est *sur la terre,* mais non la terre elle-même.

Et voici la conséquence : puisque la terre ne pouvait être aliénée, elle devait rester perpétuellement entre les mains de la même famille qui l'avait reçue de Josué. On pouvait vendre seulement la jouissance, les récoltes, les fruits, et encore pas indéfiniment, mais seulement pendant un certain nombre d'années, l'intervalle entre deux jubilés. Car toutes les semaines de semaines d'années, c'est-à-dire tous les quarante-neuf ans, toutes les terres qui avaient été ainsi aliénées, sous forme de jouissance, faisaient retour à la famille de celui qui les avait cédées.

On ne pouvait donc vendre que le nombre de récoltes qui restaient à recueillir jusqu'au prochain jubilé. Si la vente était faite au lendemain d'un jubilé, elle produisait effet pendant 48 années ; mais si elle était faite la quarante-septième année, alors il ne restait plus qu'un an à courir.

Ceci encore n'est pas absolument spécial à la Bible. Le système si connu des Russes, le mir, c'est cela aussi. La terre était partagée par la commune entre les paysans, pour une période de 3, 6, 9 ans, ou plus ; et puis, au bout de ce temps, on recommençait le partage de façon à donner à chaque famille un lot nouveau suivant que le nombre des membres de la famille s'était augmenté ou réduit.

Mais ce régime agraire des Hébreux n'impliquait point, nous semble-t-il, que toutes les terres fussent propriété nationale, ni que leurs possesseurs dûssent payer un fermage.

Le régime agraire institué par le Kéren Kayemeth est donc tout différent. Pourquoi ?

D'abord, pour une raison politique. Puisque ce Fonds National Juif avait pour but de reconstituer le Royaume d'Israël, il fallait que cette terre de Palestine devînt un jour la terre nationale d'Israël, le jour où, par hypothèse — hypothèse qui, nous le verrons tout à l'heure, ne se réalisera probablement pas — le Fonds National Juif aurait réussi à acheter toute la terre de Palestine, ce jour-là, la nouvelle nation juive, avec son drapeau bleu et blanc, aurait été vraiment reconstituée.

Il y avait une autre raison encore pour que le Fonds National Juif gardât la propriété des terres : c'était une raison économique.

C'était pour permettre au Fonds National Juif de bénéficier de cette plus-value de la terre qui est générale dans tous les pays où la population augmente et qui, sous le régime de la propriété foncière individuelle, bénéficie uniquement aux propriétaires.

C'est ainsi qu'on a vu des fortunes scandaleuses en Angleterre, aux Etats-Unis, en France même, qui n'ont pas d'autre origine que cette plus-value de la terre, sans que le propriétaire qui en bénéficie ait rien fait pour cela, sinon de fumer sa pipe, comme dit Henri Georges.

Mais grâce au système de la propriété inaliénable, retenue par le Fonds National, cette plus-value est conservée par la nation. Quand la période sera terminée on fera la révision, et pour le renouvellement des concessions on augmentera les prix en raison de la plus-value acquise. On n'attendra même pas le terme de la grande période de 49 ans, qu'on a adoptée, par respect pour la tradition mosaïste, mais on la fera à des intervalles plus rapprochés : 20 ans, je crois, pour les concessions rurales, 10 ans pour les concessions de terrains urbains.

Ainsi, le Fonds National verra, à chaque révision des baux, son revenu augmenter, et à en croire certains théoriciens, comme Henri Georges et Walras, ce revenu sera suffisant pour alimenter le budget de l'Etat et pour exonérer le peuple de tous impôts !

Ajoutons encore que le maintien de la propriété entre les mains du Keren Kayemeth permet à celui-ci d'exercer un droit de contrôle perpétuel sur la colonie pour tout ce qui concerne la salubrité et l'aménagement général.

Enfin il faut remarquer que le concessionnaire lui-même trouve un grand avantage à ce système, car si on lui vendait la terre, il serait obligé d'en payer le prix et c'est un prix qui, comme nous le verrons, est assez élevé. Or, l'immigrant juif n'a pas d'argent ; il faudrait donc qu'il empruntât et la situation serait pire pour lui. En s'installant à titre simplement de concessionnaire, il n'aura à payer qu'un fermage peu élevé, qui représente 2 % de la dépense des frais d'établissement et d'achat du terrain. Il n'a rien à débourser en prenant possession et même on lui fait crédit pour les deux ou trois premières années.

Voilà donc comment procède le Fonds National Juif. Il achète des domaines là où il en trouve à acheter : il en trouvait tant qu'il voulait au début ; c'est de plus en plus difficile aujourd'hui. La Judée et la Samarie sont des côteaux pierreux, presque sans eau. Ce n'est qu'au milieu de la Palestine, entre ces deux massifs montagneux qui sont l'un au sud, celui de la Judée et de la Samarie, l'autre au nord, celui de la Haute Galilée, que s'étend une riche mais étroite vallée qui va du lac de Tibériade jusqu'au golfe de Haïffa. C'est la plaine de Jesreel.

C'est là que les Assyriens et les Babyloniens passaient pour se rendre en Egypte, dans toutes les guerres entre l'Assyrie et l'Egypte ; c'est là que Joseph fut vendu par ses frères ; c'est là que David a commencé ses campagnes ; c'est là que Jésus a marché tant de fois ; c'est là qu'est le Thabor ; c'est là qu'est le Mont des Béatitudes ; c'est là que se sont rencontrés les Sarrazins et les Francs et, six siècles plus tard, Bonaparte et les Turcs.

Et aujourd'hui c'est là que se sont installées les colonies sionistes, grâce à ce flair que les Juifs ont toujours montré pour trouver le bon coin.

Ces colonies ont formé d'abord de petits îlots, puis se sont multipliées en archipel, et aujourd'hui elles

occupent presque toute la vallée de la mer de Tibériade
à la Méditerranée.

Il y a aussi un certain nombre de colonie situées
dans une autre plaine, très riche aussi mais de super-
ficie encore plus limitée, qui longe la mer au pied de
la chaîne de montagnes du Carmel. Il y a là une plaine
célèbre qui a été chantée dans le Cantique des Cantiques, la plaine de Saron, ce qui veut dire des roses.

Là où le Fonds National installe des colonies il ne
procède point par installations séparées : il les groupe
en nombre suffisant pour l'exploitation d'un domaine,
et même d'un domaine assez vaste pour permettre la
grande culture.

La règle est que chaque famille cultive son lot elle-
même, sans employer de main-d'œuvre salariée. Cependant, comme les cultures ne se prêtent pas toujours à
cette égalité absolue de travail, quand il y a des
moments de presse on pratique alors une sorte de
mutualité entre colons pour se donner la main.

Mais une fois qu'un groupe a été installé sur un
domaine, il a toute liberté de s'organiser à son gré.
C'est précisément à cette liberté que nous devons cette
merveilleuse variété de systèmes d'organisation dont je
parlais tout à l'heure.

Sur une trentaine de colonies il n'y en a pas deux
qui soient exactement semblables.

Quelle que soit leur diversité on peut cependant les
ramener à trois types caractéristiques :

a) celles à type individualiste (moshovah) : propriété
individuelle, emploi de main-d'œuvre salariée. Ce sont
notamment celles de Rothschild.

b) celles à type communiste : propriété collective,
travail et consommation en commun (kvoutsoh).

c) celles intermédiaires à forme coopérative (moshov-
ovdim).

La colonie la plus célèbre de ce dernier type et qui
sert de lieu de pèlerinage à ceux qui vont visiter la
Palestine, c'est celle qui porte le nom de Nahalal, un

nom pris, comme tous les autres, dans la Bible. C'était une ville du pays de Chanaan qui fut prise par l'armée de Josué. La nouvelle colonie prétend être établie sur le sol de cette antique cité, détruite il y a trois mille ans.

Cette colonie est assez grande. Elle a été faite pour recevoir, et a effectivement reçu, 80 familles. A chacune de ces familles, on a donné 10 hectares, ce qui est déjà un lot assez considérable pour une famille : elle aurait même de la peine à le mettre tout en culture par son seul travail.

Chaque famille travaille sa parcelle et garde ce qu'elle a produit. Tant mieux pour elle si elle récolte beaucoup ; tant pis si elle a mal travaillé. C'est pourquoi elle est désignée sous le nom de colonie individualiste, ainsi que celles du même type. Mais ce qualificatif est inexact — non seulement en ce qui concerne la possession de la terre qui, nous le rappelons, est nationalisée — mais aussi à cause des nombreuses associations coopératives qui relient les membres entr'eux.

D'abord elle a un caractère coopératif par le plan même de son installation, les lots de toutes les familles étant groupés autour d'établissements collectifs. Vous pouvez vous représenter Nahalal comme une reproduction sur petite échelle de la place de l'Etoile, avec des avenues rayonnant autour d'un centre. Le domaine a été divisée en 80 secteurs parfaitement égaux, un pour chaque famille.

Dans chaque secteur il y a la maison de la famille, qui est rapprochée de la place centrale avec jardin devant la maison ; et derrière, sur le grand cercle, les champs de culture. Ainsi les façades de toutes les maisons forment un cercle presque continu. Sur la place circulaire sont tous les services collectifs : école, bibliothèque, établissement sanitaire, école d'agriculture pour les femmes, où les femmes et jeunes filles juives apprennent l'agriculture, etc.

Cette mise en contact de toutes ces familles comporte nécessairement des services collectifs.

D'abord pour le service de l'eau. L'eau est rare en Palestine. Il y a dans toutes ces colonies un élévateur avec un réservoir d'eau, comme ceux qu'on voit dans les gares de chemins de fer, et ce réservoir sert pour tous. Dans d'autres il y a un cellier pour faire le vin, qui sert aussi à tous les colons, ou du moins à tous ceux qui ont planté de la vigne. Dans d'autres qui font l'élevage des animaux, il y a un taureau qui sert à la reproduction.

Il se forme aussi généralement des associations pour la vente en commun de certains produits, comme le tabac. Le tabac est un des grands produits des colonies de Palestine ; mais pour pouvoir l'exporter il faut le sécher, l'étuver, le faire fermenter, l'emballer très soigneusement. Vous ne vous représentez pas 80 familles faisant chacune la préparation du tabac qu'elle aurait récolté. Il faut donc une organisation centrale qui s'occupe du séchage, de l'emballage et de l'expédition. De même pour l'emballage des oranges. Et il y a aussi des sociétés d'achat qui sont les mêmes que nos syndicats agricoles de France.

Il y a en outre des associations coopératives pour les nombreux travaux à exécuter ; d'abord travaux de plantation, indispensable dans ces régions absolument dénudées. On plante notamment dans les endroits marécageux cet arbre importé des antipodes, d'Australie, et qui semble bien dépaysé sur cette vieille terre d'Orient, l'eucalyptus ; on sait qu'il a des propriétés remarquables contre la malaria.

Il faut aussi coopérer pour les travaux de drainage, d'irrigation, de construction de routes et de clôtures — et tous autres travaux de premier établissement indispensables dans un pays neuf. C'est le Fonds National Juif qui fait le plus gros du travail, mais il faut que chaque colonie le complète sur son domaine.

Il y a aussi d'autres colonies à forme tout à fait communistes, celles-ci auraient dû trouver place dans mon chapitre précédent car il y a ici beaucoup plus que des communautés agraires mais je n'ai pas voulu les séparer dans cette revue des colonies sionistes.

La plus connue, qu'on appelle Nuris, pratique le communisme d'une façon plus absolue qu'aucune de celles que nous avons étudiées dans les précédentes leçons : communauté de travail des hommes et des femmes, communauté d'habitation, communauté de table, communauté pour les enfants, en ce sens que dès la naissance ils sont élevés ensemble ; et pendant que les mères travaillent aux champs, les enfants sont gardés et élevés par les soins de la colonie.

C'est la colonie qui pourvoit à tous les besoins : nourriture, outils, vêtements, etc. J'ai demandé à un colon : « Quand votre vêtement est usé, que faites-vous ? — Je me fais donner un bon, en montrant que mon habit ne vaut plus rien, et je vais au magasin où l'on me livre un autre vêtement ». Et de même pour les femmes, quoique cette simplicité spartiate soit ici plus remarquable.

La colonie Nuris vit presque uniquement de ce qu'elle produit, et elle consomme à peu près tout ce qu'elle produit ; elle constitue donc ce qu'on appelle, en économie politique, une économie fermée qui se suffit à peu près à elle-même.

Quand elle a besoin de recourir au monde extérieur, soit pour vendre, parce qu'elle a un excédent de récolte qu'il lui faut placer, soit au contraire pour acheter, parce qu'il y a certains articles qu'elle ne peut pas récolter ou fabriquer, elle envoie à la ville la plus proche où se trouve quelque succursale de la grande société coopérative de consommation qui dessert toute la Palestine, qu'on appelle *Hamashbir*, ce qui veut dire « La Ravitailleuse ». Le délégué de la colonie apporte les produits de sa récolte : on lui indique quel en est le prix et on l'inscrit au crédit de la colonie. Il va de là au rayon des achats, il y prend ce qu'il a été chargé d'acheter ; on inscrit sur le compte-courant le montant des achats, au débit — et l'affaire est ainsi réglée, sans qu'il soit besoin d'une seule pièce de monnaie.

A la fin de l'année, on envoie à la colonie un relevé de son compte-courant, comme à quiconque de nous ayant un banquier. Elle sait ainsi qu'elle est débitrice ou créditrice de telle somme. Et on la reporte au compte de l'année suivante.

Voilà un type de colonie communiste où l'on sait tout de même utiliser l'économie capitaliste !

Mais il paraît qu'on a fait mieux encore. J'ai lu dans un journal qu'il vient de se créer tout près de Haïffa une nouvelle colonie qui serait ultra communiste. Il n'y a pas seulement communauté d'habitation, de table, de travail, de répartition, de vie ; il y a aussi communauté de vêtements, ce qui n'existe nulle part ailleurs. Chacun, paraît-il, va prendre à la garde-robe commune ce dont il a besoin pour le travail ou pour les loisirs. Et les enfants même sont absolument en commun, ce qu'il ne faut point entendre au sens licencieux de communauté des femmes. Non, il s'agit bien d'enfants issus de mariages. Mais ils appartiennent à la communauté et ils ne portent pas le nom de leurs parents ; ils sont inscrits comme nés de parents inconnus et portent simplement un prénom. Les noms de père et mère, papa et maman, sont inconnus dans la colonie.

Quels sont les résultats de cette colonisation sioniste ? C'est un spectacle impressionnant de voir ces juifs qui, pendant deux mille ans, ont été uniquement des trafiquants, des commerçants, des usuriers et avec eux bon nombre de jeunes gens et de jeunes filles sortis des Universités de tous les pays de l'Europe, qui viennent là manier la pioche et la charrue, avec une foi admirable, non plus dans la venue du Messie, car la foi religieuse qui a soutenu Israël pendant tant de siècles est presque complètement absente de ces colonies sionistes — mais dans la résurrection du peuple d'Israël, du Royaume de David. Il y a quelque chose d'émouvant à entendre cette langue sacrée qui n'était plus qu'une langue rituelle, comme le latin de l'Eglise catholique, redevenir une langue vivante. Tout le monde parle hébreu en Palestine, les enfants à l'école. La langue hébraïque étale orgueilleusement ses lettres carrées à côté des beaux caractères arabes et de ceux anglais, à toute station de chemins de fer, dans les rues des villes, sur les enseignes des magasins et sur les pièces de monnaie qui portent des inscriptions trilingues.

Mais au point de vue économique, on hésite à formuler des prévisions.

Les résistances sont grandes. Il y a d'abord celle qui vient des Juifs eux-mêmes, dont la plupart sont plutôt hostiles au mouvement sioniste, parce qu'ils pensent que la création d'une nationalité juive en Palestine fournira un argument de plus à la thèse de tous les adversaires des Juifs, à savoir que les Juifs sont et seront toujours des étrangers. Ne leur dira-t-on pas qu'ils n'ont qu'à retourner en Palestine, puisqu'ils y trouveront un foyer national, et à débarrasser de leur présence les pays chrétiens ?

Il y a aussi ce grand obstacle que la Palestine est déjà peuplée. Il ne peut être question d'une colonisation comme celle faite dans l'Afrique Occidentale ou dans l'Afrique du Sud presque désertes. Il y a plus de 700.000 Arabes qui ne sont pas du tout disposés à céder la place et qui sont extrêmement irrités de voir un Etat juif venir s'installer dans un pays qu'ils considèrent comme le leur, et non sans quelque raison car il y a tout de même plus de mille ans qu'ils y sont ! et qui sait même s'ils ne sont pas les descendants des Cananéens dépossédés par Josué ?

Aussi y a-t-il eu des conflits, et même des conflits sanglants. Les premières colonies juives qui se sont installées là-bas ont été obligées de se défendre les armes à la main contre les Bédouins (on nomme ainsi les Arabes qui mènent la vie nomade), comme autrefois dans les premiers temps de la conquête de l'Algérie, nos colons français étaient obligés de faire le coup de feu contre ces mêmes Bédouins.

Et ces guerres, quoique bien petites par le nombre des combattants, a eu déjà des héros dont les noms sont inscrits dans l'histoire du Sionisme, comme Trumpeldor, tué dans un de ces combats.

Et aujourd'hui, bien qu'il n'y ait plus ces luttes sanglantes et que les Arabes aient appris à apprécier les avantages de toute nature que leur ont apportés ces colonies juives, il y a cependant conflit de nationalités ; il y a continuellement des plaintes de part et d'autre auprès du gouvernement anglais. Si l'Angleterre se retirait, on ne peut guère douter que les 150.000 Juifs déjà installés ne fussent expulsés.

Le troisième obstacle, c'est que la Palestine est un petit pays. Elle a tenu une si grande place dans l'histoire qu'on a peine à se la représenter si petite. Elle n'occupe guère plus de 2 millions d'hectares, c'est-à-dire l'étendue de 4 départements français, car on ne peut y comprendre la Mer Morte et l'aride désert qui sépare la Palestine de l'Egypte !

Non seulement elle est petite, mais elle est tout à fait pauvre. La Bible est remplie de descriptions enthousiastes de cette terre de Chanaan d'où coulaient le lait et le miel, au dire des envoyés de Josué qui revinrent en montrant au peuple émerveillé des grappes de raisin que deux hommes avaient peine à porter. Passe encore pour le miel et les raisins, mais pour le lait, on ne voit pas bien où il a pu couler. C'était sans doute un effet du mirage bien explicable chez ces hommes venant de traverser le désert où ils avaient séjourné pendant quarante ans.

Avant que les Anglais fussent venus en Palestine, la terre ne servait qu'à nourrir quelques troupeaux de chèvres, de moutons et de chameaux ; mais depuis la conquête et surtout depuis l'immigration sioniste, la terre a pris une valeur croissante, quoique le Fonds National s'efforce d'éviter la surenchère en concentrant les achats. Ainsi, le Sionisme a créé automatiquement la hausse des terres et par là l'obstacle à son propre développement. Les Arabes ont profité de l'occasion et cette plus-value a eu d'ailleurs l'avantage de leur faire voir avec plus de faveur l'immigration juive.

Toujours est-il qu'aujourd'hui il est ruineux d'établir une colonie ; il faut compter plus de 1.000 livres pour établir une famille, ce qui fait 25.000 francs or (125.000 francs nouveaux), sans compter l'achat du terrain.

Mais alors où le Fonds National juif prend-il l'argent ?

Il le recueille au moyen de souscriptions dans le monde entier. Dans toute maison d'un Juif pieux, il doit y avoir une petite tirelire blanche et bleue, les couleurs du drapeau d'Israël, où l'on doit déposer l'offrande pour le rachat des terres d'Israël.

Cela donne bien quelque chose : 1/2 million de livres par an, c'est-à-dire presque 65 millions de nos francs ; mais au coût d'installation que je viens d'indiquer, cela ne va pas bien loin.

Il en résulte que la colonisation ne peut plus fournir assez de terre aux immigrants. Et c'est pourquoi l'immigration qui, au cours de l'année 1925, avait atteint le chiffre de 30.000, non seulement est tombée presqu'à rien, mais encore bon nombre de ces Juifs, qu'on ne peut pas employer, sont-ils obligés de repartir. Le chiffre des sorties dépasse aujourd'hui le chiffre des entrées. En sorte que ce beau rêve du Sionisme, la perspective de voir les immigrants juifs devenir la majorité sur la terre d'Israël et absorber peu à peu la population arabe, semble s'évanouir.

Il n'y a encore à l'heure actuelle en Palestine que 150.000 Juifs, contre 750.000 Arabes et 100.000 chrétiens à peu près. Et tandis que l'accroissement de la population juive est enrayé, on voit au contraire, par une répercussion à laquelle on ne s'attendait guère, la population arabe qui augmente ! Elle augmente plus qu'elle n'avait jamais fait. D'abord, parce que les Anglais lui ont donné la sécurité ; ensuite parce que les Juifs ont réduit la mortalité en desséchant les marais, en replantant les montagnes, en supprimant la malaria ; et enfin parce qu'ils les 'ont enrichis en achetant leurs terres à prix d'or et en leur apprenant à mieux cultiver celles qu'ils ont gardées. En sorte que par un résultat paradoxal ce sont les bienfaits même apportés par le Sionisme qui menacent l'avenir du Sionisme.

Je ne pense pas cependant que toute chance de bonne entente entre les deux races soit irréalisable. Les Sionistes doivent sans doute renoncer à l'espoir de faire de la Palestine un Etat juif, mais ils peuvent espérer en faire une nation bilingue, à double nationalité, Arabe et Juive, comme il y en a bien d'autres dans le monde. Il y a la Belgique qui est flamande et wallone ; la Finlande, qui est finnoise et suédoise ; la Suisse, qui est même trilingue. Pourquoi ne se formerait-il pas une Palestine bilingue, dans laquelle les Juifs pourraient très légitimement exercer la prépondérance, qu'ils obtiendraient facilement sur un peuple inculte, puisqu'elle se fait sentir si puissamment même dans notre civilisation européenne ?

Cela paraît d'autant plus réalisable qu'il y a parenté certaine entre les deux races comme entre les deux langues. Ils savent bien, quoique beaucoup de chrétiens l'ignorent, qu'ils sont les uns et les autres fils du même père, Abraham — Isaac par Sarah, Ismaël par Agar — à telles enseignes que le tombeau d'Abraham, à Hébron, est gardé par les Arabes qui en interdisent l'entrée aux Juifs.

Cette paternité commune, qu que remontant un peu loin, n'en est pas moins de bon augure pour la réconciliation de la postérité des deux frères.

On a fait aussi au Sionisme ce reproche que jusqu'à présent ces colonies n'ont qu'une existence factice :

c'est en effet vivre d'une existence factice que de vivre des secours d'autrui, comme nous l'a montré la triste histoire d'Icarie. Il n'y a presque aucune de ces colonies, à l'exception de celles installées par le baron de Rothschild, qui se suffisent à elles-mêmes. Elles vivent grâce au Fonds National Juif, qui lui-même vit des subventions obtenues de la solidarité juive dans le monde entier.

Or, tout au contraire, le caractère de toute association coopérative c'est de se suffire à elle-même, c'est d'être, comme disent les Anglais, *self sufficient*.

Cependant, il ne faudrait pas insister sur ce grief car on peut citer bien des institutions qui, à leur début du moins, n'ont pu vivre que de subventions : telle en France les coopératives de crédit. Puisque le Sionisme est, par définition, un mouvement national, on ne peut lui reprocher de faire appel à la solidarité nationale de la race juive.

On va inaugurer, en Palestine, deux grandes catégories de travaux :

d'une part, l'électrification du Jourdain, ce fleuve sacré qui, vous le savez, coule dans une faille, à 400 mètres au-dessous du niveau de la mer, ce qui fait qu'il présente une dénivellation considérable, qu'il sera possible d'utiliser avantageusement comme force motrice ;

d'autre part, l'exploitation de la Mer Morte, c'est-à-dire l'utilisation industrielle de cette pluie de sel et de soufre qui ensevelit les villes maudites.

Alors peut-être l'industrie pourra-t-elle ouvrir à l'immigration juive des débouchés que l'agriculture était insuffisante à lui fournir.

CHAPITRE X

LES COMMUNAUTES A FORME COOPERATIVE

Nous avons vu déjà, en faisant l'histoire de ces communautés, que la plupart aboutissaient, par une pente naturelle, à un régime social qui est à peu près le coopératisme. Ainsi en a-t-il été des colonies d'Icarie ; ainsi de celle de d'Oneida, et ainsi en sera-t-il, semble-t-il, des colonies Sionistes. Mais on peut découvrir une tendance inverse : celle de sociétés coopératives qui, en se développant, en s'intégrant, arrivent à une forme très semblable au communisme, en prenant pour point de départ soit la coopérative de production, soit celle de consommation (1).

§ 1. — La coopération intégrale.

En effet, la société coopérative est une association qui peut monter tous les degrés de l'échelle qui va de l'individualisme au communisme comme limite.

____

(1) On peut résumer sous une forme schématique les divers degrés de cette intégration coopérative — on pourrait dire mieux : de ce déploiement de l'association coopérative comme celui du bouton de fleur qui déplie successivement ses pétales.

1° Propriété individuelle absolue, tant sur la terre que sur la récolte, et consommation individuelle, travail individuel, habitation et consommation individuelle — la coopération n'apparaissant que sous la forme de certaines associations spécialisées, telles que sociétés de crédit ou de consommation, syndicats agricoles, électrification, etc. C'est le système d'un certain nombre de nos communes rurales en France.

2° Propriété collective du domaine, mais sous forme d'actions qui sont encore propriété individuelle, donnant droit au partage des produits au prorata des apports. Exploitation par travail salarié, vie séparée, peu ou pas de relations entre co-sociétaires. C'est un système qui relève du régime capitaliste et qui est pratiqué dans un petit nombre d'exploitations.

3° Propriété collective sous le régime de société par actions, comme dans le système précédent, mais les bénéfices étant refusés au capital actions et répartis entre les sociétaires, soit au prorata du travail, soit au prorata de la consommation. C'est le régime de Llano.

4° Propriété appartenant à une fondation en dehors de la colonie, les colons ne possédant la terre qu'à titre de fermage ou de concession à long terme, mais chacun gardant les produits de son travail : concession à long terme, vie séparée. C'est le régime des colonies sionistes et de Liefra.

5° Propriété commune, c'est-à-dire appartenant à la colonie elle-même. Travail en commun, produits en commun ; donc pas de répartition, pas de propriété individuelle. Consommation et habitation généralement en commun, mais cette règle n'est pas nécessairement obligatoire. C'est le régime des sociétés communistes (religieuses ou socialistes) que nous avons passées en revue.

Prenons une société coopérative quelconque de consommation, de production, de crédit ou d'habitation ; prenons, par exemple, cette dernière espèce, celle qui réunit un certain nombre d'adhérents pour construire des maisons séparées, mais voisines, de façon à constituer une cité-jardin.

Supposons que cette communauté de voisins installe des services collectifs, magasins d'approvisionnement, restaurants, écoles, sports, cinéma ou théâtre.

Faisons un pas de plus et supposons qu'elle crée des ateliers, des fabriques, et même achète ou afferme des terres de façon à produire elle-même tout ce qui est nécessaires aux besoins de ses habitants, tant comme articles manufacturés que comme produits alimentaires, et qu'elle devienne ainsi une économie autonome, se suffisant à elle-même — ne ressemblera-t-elle pas en tous points aux communautés que nous avons visitées ?

Il restera cependant une différence essentielle au point de vue de la répartition. C'est que dans cette copérative, même intégrale, la propriété individuelle ne sera pas supprimée. Chaque membre est propriétaire non seulement de la part qu'il a apportée dans la Société sous forme d'action, soit sous forme d'apport, mais aussi de sa part dans les produits de l'entreprise, ceux-ci étant répartis entre les membres sous forme d'intérêts et de ristournes qui peuvent être capitalisés et créer, pour leurs possesseurs, de petites fortunes.

Cependant il est à remarquer que dans les coopératives, s'il y a propriété individuelle et répartition individuelle, du moins y a-t-il quasi égalité entre tous les membres. En effet les adhérents souscrivent généralement à peu près le même nombre d'actions ; généralement même les statuts fixent un maximum assez bas. Et quant aux ristournes, elles dépendent du chiffre d'achat, qui sans doute varie pour chaque membre mais qui, lui aussi, comporte en fait une limite assez modeste.

Et, en outre, il faut remarquer que dans l'association

coopérative, cette propriété individuelle perd son principal attribut qui est de donner un profit. Elle donnera droit seulement à un intérêt — et encore y a-t-il certaines sociétés qui refusent tout intérêt, ou qui ne l'accordent que sur les actions acquises en supplément — mais jamais un dividende. Ainsi l'abolition de l'esprit lucratif, qui était un des principes essentiels des sociétés communistes, se trouve réalisée.

Enfin cette répartition individuelle, même sous la forme de simples ristournes, peut disparaître elle-même dans certaines coopératives à forme socialiste, celle que nous appelons de l'école de Saint-Claude. Et alors la coopération n'est-elle pas arrivée à cet état limite dont je parlais tout à l'heure, d'association tout à fait communautaire ?

Remarquez que je ne présente point cette évolution comme un idéal : l'Ecole de Nîmes, aussi bien que l'Ecole de Rochdale, le désapprouve moins par des raisons théoriques que par des raisons d'utilité pratique et parce qu'elles croient que ce serait la ruine du mouvement coopératif, tout au moins dans la situation présente et toutes réserves admissibles pour un avenir à date lointaine si l'on veut supposer une transformation dans la mentalité de la masse des coopérateurs.

Mais ce que nous devons constater c'est qu'il y a déjà çà et là quelques commencements de réalisation de cette forme coopérative intégrale.

§ 2. — Quelques villages coopératifs.

Voici, par exemple, aux portes de Bâle, une petite cité qu'on appelle Freidorf (Ville Libre). C'est une annexe de la grande Coopérative de consommation de Bâle. Cette coopérative qui est la plus grande de Suisse, compte 35.000 familles, c'est-à-dire presque toute la population de Bâle. Il y a là une espèce de cité-jardin qui est habitée uniquement par les employés de cette grande Coopérative de Consommation de Bâle. Chaque famille a sa maison avec son petit jardin. Il y a bibliothèque, orchestre, caisse c'épargne, caisse d'assurance, société de crédit, terrains de jeu, etc. Les habitants sont logés à très bas prix, mais sous la condition qu'ils feront tous leurs achats à la Coopérative, tout au moins pour tous les articles que ce magasin peut leur fournir.

Ils y font en effet un chiffre d'achats considérable, qui est en moyenne, pour chaque membre, de 3.200 fr. suisses, c'est-à-dire 16.000 francs français. Si vous comparez cette moyenne de consommation de Freidorf à celle de nos sociétés françaises, qui est à peu près de 1.000 francs français, vous apprécierez la différence.

Même dans les sociétés françaises où la vente par membre est la plus considérable, telle que la société des employés de chemins de fer La Famille de Nîmes, cette moyenne ne dépasse pas 4.000 francs, soit le quart du chiffre de Freidorf.

Supposons que cette société, qui est déjà société d'habitation et société de consommation, devienne aussi société de production ; qu'elle ouvre des ateliers, de façon à produire les principaux articles d'habillement et do mobilier qui sont nécessaires à ses membres ; supposons même qu'elle achète un domaine, qu'elle devienne ainsi association de culture et produise sur ce domaine tout ce qui est nécessaire à la consommation de ses membres, nous aurons alors une société qui ressemblera singulièrement à celles que nous avons étudiées.

Toutefois Freidorf ne l'a pas fait et ne le fera pas, car l'expérience a montré qu'il est très difficile pour la coopération de consommation de faire de la production et surtout de la production agricole. Même les puissantes coopératives de consommation anglaises qui ont tenté cette expérience, et sur grande échelle puisqu'elles exploitent plus de 20.000 hectares de terre, n'ont guère réussi. — D'autre part, le lien que crée entre les membres d'une société de consommation le simple fait d'acheter à un même magasin est trop faible pour servir de base à une véritable association communautaire.

Mais la route est plus facile en partant de la coopération de production — ce qui ne veut pas dire que celle-ci soit plus facile que la coopération de consommation, tout au contraire ! mais que là où l'association de production a réussi à se constituer, du moins si c'est une coopérative agricole, elle peut arriver à s'intégrer en communauté.

Nous en avons quelques exemples — et même dans un passé assez reculé.

On peut citer la curieuse histoire de la communauté d'Ambelakia, village de Thessalie, au pied du mont auguste de l'Olympe. Cette région, dans la vallée de Tempé chantée par Virgile, a été il y a 140 ans (de 1788 à 1810) le centre d'une communauté extraordinairement florissante, constituée entre propriétaires et travailleurs de 22 petits villages pour la production de coton, fils, teintures, etc. et dont le succès fut tel qu'elle devint un des grands centres de cette industrie en Orient et distribua en bénéfices jusqu'à 100 p. 100 du capital. En ceci, assurément, elle n'était ni communiste ni même coopérative — mais elle l'était en ce que tous les bénéfices étaient versés dans une caisse commune qui prélevait d'abord le montant des impôts et des pourboires qu'il fallait verser aux pachas turcs ; secondement, par ses dépenses de solidarité pour les indigents, pour les églises, écoles, hôpitaux. Et ce prélèvement fait, le reste était partagé entre les propriétaires de terres et les travailleurs dans des proportions très équitables.

Cet extraordinaire foyer coopératif, qui avait été respecté par le gouvernement turc, fut anéanti par le féroce pacha de Janina, Ali, celui-là même que Victor Hugo a stigmatisé dans ses *Orientales*.

Plus rapproché par le lieu et le temps, on peut citer

un village en Bohême, ou comme on dit aujourd'hui en Tchécoslovaquie, qui n'est pas moins inconnu et qui cependant est fort intéressant aussi à notre point de vue. C'est le village de Prikazi, qui comprend 350 familles, formant une coopérative presque intégrale. La propriété privée n'y est pas supprimée ; chacun conserve son terrain, chacun sa maison, mais tout se fait coopérativement : les achats et les ventes. Il y a une société de crédit, à la fois Caisse d'épargne, qui a été le noyau autour duquel, depuis plus de 60 ans — les débuts sont de 1835 — se sont groupés ces services collectifs. Elle occupe aujourd'hui un magnifique local qui semble, à première vue, très disproportionné avec la population de ce village.

Il ne s'en manque guère donc pour que ce village réunissant à la fois la production, la consommation, et l'habitation, ne ressemble tout à fait à ceux de Oneida ou de Nuris.

§ 2. — La colonie de Llano.

Mais le cas le plus remarquable d'association coopérative de production poussée jusqu'à la communauté est celle de Llano, créée en 1914. Elle a été fondée en Californie, non loin de Los Angeles ; mais trois ans après, en 1917, comme elle n'avait pas trouvé sur le terrain l'eau sur laquelle on avait compté, elle se transporta en Louisiane, où elle existe aujourd'hui sous le nom de Nouvelle Llano (1).

Elle a été fondée par un journaliste américain de San Francisco, un politicien qui avait été candidat à de nombreuses élections, même à la vice-présidence des Etats-Unis, Harriman.

____

(1) Pour la colonie de Llano, comme d'ailleurs pour toutes les autres colonies, consulter *Communities of the past and present* (1924), non signé, mais dont l'auteur est précisément le fondateur de Llano, Harriman.

Harriman est marxiste, et quand il a fondé sa colonie de Llano il avait l'intention de réaliser la société collectiviste proprement dite. Mais peu à peu, il est arrivé, par la force des choses, à constituer une association coopérative.

L'association de Llano est, en effet, une association coopérative de production, industrielle et agricole.

C'est une société constituée par actions, comme toutes les coopératives. On ne demande donc point aux sociétaires de verser toute leur fortune dans la caisse sociale, mais seulement de souscrire des actions. Ils peuvent verser aussi à titre de simples prêteurs.

Toutefois, pour ceux qui vivent à Llano, on se demande à quoi peut leur servir leur fortune personnelle s'il la gardent ?

En tout cas, chaque sociétaire doit souscrire 2.000 actions, d'un dollar chacune, ce qui fait 2.000 dollars, soit 50.000 de nos pauvres francs. C'est une somme très considérable pour nous ; mais il faut songer que nous sommes aux Etats-Unis. D'ailleurs, on ne demande pas le versement comptant, mais seulement la moitié, c'est-à-dire 1.000 dollars. Et encore n'est-on tenu de verser en monnaie que la moitié de cette moitié, l'autre pouvant être versée en nature, tels que terrain, mobilier, outils, instruments, marchandises. Quant aux 1.000 actions non payées, elles sont libérées petit à petit, par des versements mensuels ou hebdomadaires sur les salaires.

Il est à remarquer que la souscription à ces actions n'est pas limitée à ceux qui veulent vivre dans l'association ; elle est ouverte à tous. Il y a en effet une société distincte, société mère, qui, celle-ci, a pour charge de recueillir les capitaux et les dons, mais dont les membres ne sont pas nécessairement candidats sociétaires ayant l'intention de vivre dans la communauté de Llano.

Nous avons vu d'ailleurs une organisation semblable à propos des Milieux Libres de Vaux et même de la colonie d'Icarie. Pour celles-ci aussi il y avait une société chargée de recueillir les dons et distincte de celle qui avait pour objet de réaliser la communauté.

Avec les fonds recueillis on a affermé un domaine qui est exploité en commun : c'est ici qu'apparaît la communauté. Les sociétaires travaillent ensemble, non seulement dans l'exploitation du domaine mais aussi dans les différentes industries qui ont été annexées à l'exploitation agricole. Le fondateur énumère 32 industries différentes ; il y a là un peu d'exagération parce que beaucoup de ces industries ne sont qu'à l'état d'embryon. Mais enfin, on peut espérer qu'elles se développeront et feront de Llano non seulement une colonie agricole mais aussi une colonie industrielle.

Et comment fait-on pour la répartition ? Il n'y a aucune répartition individuelle. Tous les produits de la colonie sont versés dans la caisse de la société et sont employés à fournir aux sociétaires l'alimentation, le logement et tous les services dont je viens de parler, maladie, éducation, récréation.

On avait d'abord établi le régime du salariat, chaque sociétaire étant rémunéré selon le nombre d'heures de travail fourni. Mais ce système a été abandonné, et on pourrait résumer le système actuel en disant qu'il n'y a pas de répartition individuelle en numéraire mais en nature, sous la forme de subsistances et d'entretien de la vie.

A Llano il n'y a pas de communauté d'habitation ; chacun vit dans sa maison, qu'il loue ou qu'il peut faire construire, à son gré.

Il n'y a même pas communauté obligatoire pour l'alimentation. Il y a une table commune, mais ceux qui veulent faire leur cuisine à domicile, suivant le système bourgeois, le peuvent ; ils vont chercher l'approvisionnement au magasin de consommation de la société et préparent eux-mêmes leurs aliments.

Mais il y a des services collectifs de toute sorte, comme dans toute société coopérative importante : théâtre, hôtel, établissements de jeu ; on compte 18 cercles plus ou moins récréatifs.

On voit que cette colonie est donc bien une coopérative. Il est vrai qu'elle ne fait pas de répartition individuelle mais ce caractère ne suffit pas pour l'exclure du classement, car il y a des sociétés coopératives qui ne suivent pas la règle de Rochdale et ne font pas de répartition individuelle.

Les journaux ont annoncé ce matin la mort du député Ponard qui était le fondateur et le directeur de la société coopérative de Saint-Claude, *la Fraternelle* : or cette société a pour règle de ne distribuer aucun boni, aucune ristourne à ses membres, mais de les en faire bénéficier seulement sous la forme collective d'assurance contre la maladie, contre la vieillesse, et diverses autres institutions de récréation où d'éducation — ce qui était donc une anticipation du système Llano.

Mais il faut dire que les sociétés ayant adopté ce système sont rares dans le monde coopératif. Quoique en faisant son histoire j'ai donné le nom, dont cette société est assez fière, d'École de Saint-Claude, néanmoins elle n'a pas fait école. Cependant il y a une tendance par tout pays à réduire progressivement la répartition individuelle ; donc on marche vers l'état limite qui est zéro.

Quel est l'avenir de cette société de Llano ? Elle est toute jeune, puisqu'elle remonte seulement à 1914. Elle a eu déjà une vie assez mouvementée ; c'est la même histoire que celle d'Icarie et des autres communautés : querelles, conflits, procès, scissions.

Quand la colonie s'est transportée de la Californie en Louisiane, il est venu tout un flot nouveau d'habitants du Texas qui ne voulaient pas entendre parler de communisme et qui ont fini par se séparer. Elle a eu des procès qui lui ont fait perdre beaucoup d'argent : plusieurs fois son capital. Elle a eu notamment un dernier procès, tout récent, qui vaut la peine d'être indiqué, parce qu'il jette une certaine lumière sur le caractère mixte de cette société.

Un actionnaire, mécontent de ne pas toucher de dividendes, a actionné la société de Llano devant le tribunal, disant que puisqu'elle avait fait des bénéfices elle devait lui donner un dividende. Le tribunal américain a condamné, en effet, la société de Llano, avec ce considérant vraiment désagréable pour une société communiste :

« D'après sa charte, cette société a pour but le profit : elle a donc violé sa charte en refusant des dividendes à ses actionnaires. »

Le juge avait sans doute quelques griefs contre la société de Llano ! les Américains n'aiment pas ces sociétés communistes et nous avons vu dans l'histoire des sociétés précédentes que lors que ces sociétés ont eu des procès devant les tribunaux américains, elles ont été fréquemment condamnées.

Le tribunal ajoutait malicieusement :

« que d'ailleurs ses directeurs avaient très bien su prendre leurs précautions pour leur propre compte, en prenant hypothèque sur les biens de la société ;

« que la société n'avait jamais tenu de comptabilité régulière et avait vécu principalement en mangeant son capital. »

Mais appel fut porté devant la Cour Suprême et celle-ci a cassé le jugement du tribunal, condamné aux dépens le sociétaire plaignant et déclaré controuvés tous les griefs allégués par lui. L'arrêt dit notamment :

« La communauté a été bien conduite selon le principe communistique ou coopératif, sans déviation, et son but a bien été de « coloniser ses membres » afin que tous travaillent pour le bien de tous. Elle n'a pas eu pour objet la distribution de dividendes, mais de procurer à ses membres résidant dans la colonie de meilleures conditions de vie. Comme tout ce qu'elle produit est consommé sur place, le besoin d'une comptabilité commerciale ne se fait point sentir, et on ne peut faire grief à la colonie si sa comptabilité n'est pas très régulière. »

Malgré ce bon témoignage de la Cour, il semble bien que depuis qu'elle est au monde la société de Llano n'a vécu que d'expédients. C'est la même critique que j'ai déjà faite pour d'autres coopératives communistes: pas plus que les autres, celle-ci n'a pu vivre du produit de son entreprise. Elle a vécu en mangeant le capital que lui procuraient les souscriptions d'actions, ou les plus-values de terrains, si rapides en Amérique ; mais ce ne sont pas là des conditions de vie régulières. On assure qu'elle a mangé 800,000 dollars. Mais il faut dire aussi que la colonie a eu à subir des calamités fortuites, notamment deux incendies, comme Brook Farm et la Phalanx ; singulière solidarité dans l'infortune !

Les témoignages de ceux qui ont eu l'occasion de visiter cette colonie, et dont quelques-uns sont rapportés dans le journal des coopératives des Etats-Unis, *The Cooperator*, sont assez divergents.

Voici un étudiant américain qui a été y passer trois semaines pour y préparer une thèse de doctorat : il en dit le plus grand bien. Mais d'autres disent que c'est une association communiste qui se masque en coopérative, que ses prétendues industries sont un leurre, qu'il n'y a pas un médecin, pas un dentiste, pas une nurse ; que la principale industrie consiste à « pêcher à la ligne les badauds ».

Il est difficile de se faire une opinion au milieu d'appréciations si contradictoires, et par conséquent plus difficile encore de présager quel pourra être l'avenir de cette société.

Cependant, nous devons constater un symptôme fâcheux, que nous avons rencontré déjà dans beaucoup de ces sociétés communistes et qui a été le signe précurseur de leur fin : c'est la diminution progressive du nombre des membres.

En 1920 elle a compté jusqu'à 800 membres ; en 1923 elle n'en avait que 350 ; en 1927, aux dernières nouvelles, elle n'en avait que 188. Ce n'est pas rassurant.

Et un signe fâcheux aussi ce sont les scissions successives. Une nouvelle est signalée : un groupe considérable a été fonder une colonie nouvelle en remontant la Red River — non loin du lieu où échoua l'avant-garde icarienne (1).

§ 3. — La fondation Lasserre
pour la coopération intégrale.

Cependant ces expérimentations, si incomplètes soient-elles, ont donné l'idée de procéder de façon plus méthodique à la réalisation de communautés coopératives embrassant toute la vie économique.

Il vient de se fonder, au mois de juillet 1927, à Bâle, une association qui se donne précisément pour but de favoriser la création de « coopératives intégrales », ou, comme on dit aussi, de « coopératives communautaires ». Le mot « communautaire » vaut mieux que le mot « communiste » parce que celui-ci implique aujourd'hui une signification politique dont il est presque impossible de le dissocier, tandis que communautaire marque bien qu'il s'agit d'une organisation purement sociale.

Le fondateur de cette œuvre n'est pas un Suisse, c'est un Canadien français, professeur à l'Université de Toronto (Victoria College), M. Henri Lasserre.

Il a rédigé les statuts de cette société (5 juillet 1927), qui n'existe encore que sur le papier. Mais il est intéressant de voir quel est son programme.

Il est inspiré directement — et l'auteur le dit lui-

______

(1) On pourrait aussi classer dans ce chapitre plusieurs essais de villages coopératifs en Algérie, mais qui n'ont trouvé aucun appui auprès de l'Administration et qui ont dû être abandonnés.

même — des colonies sionistes de Palestine et de celle de Llano (1).

Les coopératives communautaires seront des sociétés par actions. On ne demande pas à chaque sociétaire, comme dans les sociétés communistes que nous avons vues, de verser dans la caisse sociale tout ce qu'il a, mais seulement de souscrire un petit nombre d'actions de 100 francs.

Combien de membres, dans la pensée des fondateurs, ces organisations communautaires devront-elles compter ? Pas beaucoup. Vous retrouverez ici la même préoccupation que celle de tous les fondateurs de colonies que nous avons passées en revue : Fourier disait 1.620, Owen disait 2.000. M. Lasserre est encore plus modeste : il ne veut pas dépasser le chiffre de 500 membres. S'il ne devait y avoir qu'une action par membre, à 100 francs l'action cela ne ferait que 50.000 francs, et quoique francs suisses, ce serait un petit capital.

Mais tout sociétaire est invité à souscrire plus d'une action.

Aucun ne pourra pourtant en souscrire un nombre illimité parce que ce serait retomber dans le régime capitaliste. Le nombre total des actions ne devra pas dépasser 20 fois le nombre des membres. Ce qui revient à dire que, pour 500 membres, il ne pourra y avoir plus de 10.000 actions, soit 1 million francs suisses.

Ne serait-il pas plus simple de dire que chaque membre ne pourra souscrire que 20 actions ? Ce n'est pas du tout la même chose. Si chaque membre ne pouvait souscrire que 20 actions au maximum, comme il y en

---

(1) Je me permets de citer les lignes par lesquelles se termine mon *Cours* sur *Fourier, précurseur de la Coopération* (1922) :

« On doit commencer par la spécialisation et ce n'est que peu à peu que l'on arrive à l'intégration. Il faut commencer par des institutions spécialisées, chacune ayant son objet propre, et plus tard elles pourront se fédérer, s'intégrer en institutions plus complexes. Il n'est nullement impossible qu'on voie un jour quelque colonie coopérative agricole, réunissant toutes les fonctions aujourd'hui séparées, réaliser l'attente du grand visionnaire. »

aurait un grand nombre qui resterait très au-dessous de cette limite, le capital serait fort au-dessous du chiffre de 1 million que nous venons d'indiquer, tandis qu'avec le système indiqué, il suffira qu'il se trouve quelques riches sociétaires pour suppléer à l'insuffisance des pauvres. Même au cas où 499 membres ne souscriraient qu'une seule action, le 500ᵉ membre en souscrivant toutes les autres, c'est-à-dire 501, pourrait fournir le capital voulu, l'inégalité pourra donc être assez grande.

Au cas d'insuffisance du capital-action la société pourra emprunter.

Le professeur Lasserre a personnellement fourni une dot de 150.000 francs pour la fondation de la société.

Quand le capital aura été réuni, la première chose à faire sera d'acheter un domaine pour y installer la colonie.

L'acheter ou le louer ? M. Lasserre conseille de préférence de le louer, pourvu que ce soit avec un très long bail indéfiniment renouvelable. Et pourquoi préfère-t-il un domaine loué à long terme plutôt qu'un domaine acheté en pleine propriété ? C'est précisément afin de purger les colonies de l'esprit de propriété. C'est l'association mère qui aura à s'occuper des questions d'intérêt et de propriété, et la colonie communautaire n'aura à s'occuper que de la gestion.

Vous retrouvez ici le même système que celui que je vous ai expliqué dans la précédente leçon pour les colonies sionistes : là c'est le Fonds National Juif qui est propriétaire de la terre et qui la loue à long bail, et renouvelable, aux colonies sionistes. Et il n'y a qu'à se reporter à ce que nous avons dit à ce propos.

La colonie, une fois installée, serait d'abord exclusivement agricole ; mais on prévoit l'installation de toute industrie qui paraîtrait de nature à répondre aux besoins des membres et à offrir des chances de réussite.

En tout cas, on créera un magasin où les membres de la colonie trouveront, comme à Freidorf, tout ce qui est nécessaire à leurs besoins, et même plus qu'à Freidorf puisqu'ici il y aura les produits agricoles récoltés sur le terrain de la colonie elle-même.

On attend de chaque membre de la colonie qu'il veuille travailler dans tous les travaux agricoles ou industriels de la colonie, en laissant à chacun, dans la mesure du possible, le choix du genre de travail.

Comment sera organisé le travail ? Dans la production agricole c'est la culture directe et en commun qui sera la règle ; cependant la culture sous forme de lots affermés par l'un des sociétaires pourra être admise, mais sous la condition que les fermiers n'emploieront pas de main-d'œuvre salariée, et aussi sous la condition que ces fermiers ne vendront pas au dehors les produits de leur travail. Tous les produits seront versés dans la caisse de la communauté qui, s'il y a lieu et après qu'elle aura pourvu à tous les besoins, pourra vendre au dehors l'excédent.

Reste la grosse question de la répartition. Ici il n'y aura pas, comme à Llano, répartition en nature. La coopérative ne se chargera pas de nourrir et de loger les membres de la société. Elle se bornera à leur fournir tous les services collectifs qu'on trouve déjà installés dans certaines grandes maisons d'habitation, même à Paris.

Elle gardera pour la réserve ce qu'elle jugera nécessaire et l'excédent, le produit net, sera partagé entre les membres de la communauté.

De quelle façon et d'après quel critérium ?

C'est ici que se séparent les trois régimes, le communiste, le capitaliste, le coopératiste.

Si nous étions sous le régime capitaliste, la répartition se ferait au prorata des apports de chacun. « Combien avez-vous souscrit d'actions ? — Vingt. — Vous aurez droit à un dividende correspondant à 20 actions. »

Si nous étions sous le régime coopératif normal, celui de Rochdale pratiqué par la presque totalité des sociétés

de consommation, ce serait au prorata de la consommation, sous forme de ristourne.

Si c'était sous le régime communautaire de Llano ou
même de Saint-Claude, il n'y aurait point de répartition
individuelle mais seulement une attribution collective
en nature, en services rendus.

Dans la nouvelle communauté de M. Lasserre ce ne
sera aucun des trois systèmes ; il y aura répartition
individuelle mais elle se fera au prorata des heures de
travail fournies par chacun.

Et comme il est à supposer que tous les associés
fourniront le même nombre d'heures de travail — car
on attend cette discipline de la conscience de chacun
d'eux — cela revient à dire que ce sera le partage égal,
à peu de chose près.

Voilà un caractère qui nous rapproche du programme
socialiste marxiste plutôt que de celui coopératiste.

Cette répartition des bénéfices ne se fera pas en
espèces mais sous forme de crédit en compte, ou sous
forme de bons, utilisables seulement dans les magasins
de la société.

Il en résulte donc que les associés ne pourront
employer leurs bénéfices à leur gré, mais en achats
dans la société elle-même.

Les bénéfices reviendront ainsi automatiquement à la
communauté. C'est ce qui était pratiqué déjà dans certaines coopératives de consommation à couleur socialiste, notamment en Belgique.

En ce qui concerne la consommation, chacun sera
libre de vivre dans sa maison, libre d'y faire ses repas,
d'y manger à sa guise. Il aura le choix, comme aujour-
d'hui ceux qui vont en villégiature, de manger à table
d'hôte, ou à de petites tables, ce qui est le système le
plus employé, ou même de se faire servir dans son
appartement.

Mais aura-t-il la faculté de faire la cuisine chez soi,
en ménage ? Je le suppose, les statuts ne disant rien

sur ce point. Pourtant la cuisine par ménage est le plus onéreux des modes de consommation. Il suppose l'existence d'une pièce spécialement affectée à cet effet ; il implique une dépense de combustible beaucoup plus grande, un travail très assujettissant pour la femme, ou un gaspillage de travail par l'emploi d'une cuisinière pour chaque ménage, toutes conditions qui sont très contraires non seulement au communisme, mais même à une coopération intégrale.

Au reste, cette société, je le répète, est encore à l'état de devenir et il ne semble pas qu'on montre une grande hâte à la réaliser.

CHAPITRE XI

CONCLUSION

En somme, que se proposent tous ces expérimentateurs de sociétés nouvelles ?

Ils sont à la recherche d'un milieu dans lequel ils trouveront une satisfaction à ce besoin très noble de de justice et de liberté qu'ils ne trouvent pas dans le monde actuel. Ils pensent que le moyen de le satisfaire serait d'écarter la principale cause des conflits sociaux qui est l'inégalité des classes, et pour cela de supprimer le principal facteur de cette inégalité, qui est la poursuite du profit, l'esprit de lucre.

C'est aussi de créer un milieu où les conditions du travail soient plus faciles, plus accueillantes que dans la société actuelle, du moins pour la classe qui travaille, et il semble qu'il ne doive pas être difficile d'arriver à rendre le travail relativement léger, si l'on pense — premièrement combien, dans notre société actuelle, il y a des gens qui ne font rien, ou du moins qui ne font aucun travail utile ; — et secondement, combien il y a de besoins factices qui nécessitent une dépense énorme de travail humain et qui sont absolument superflus.

Si donc on pouvait faire travailler tout le monde on

supprimerait peut-être un tiers de parasites ; et si on ne produisait que les choses utiles, on économiserait peut-être plus d'un tiers du travail consacré à la production. On pourrait réduire, sinon des deux tiers, du moins considérablement, la journée de travail, sans réduire la somme de richesses nécessaires au bien-être.

Ces desiderata ne semblent pas chimériques, mais il semble qu'on puisse leur donner satisfaction sans aller jusqu'au communisme proprement dit, à ce communisme sévère qui sacrifie la vie de famille et même la liberté individuelle. C'est pourquoi les dernières venues de ces colonies, instruites par l'expérience de celles qui les ont précédées, se contentent de l'association coopérative plus ou moins intégrale.

Le manifeste le plus récent : celui des dissidents de Llano, qui ont été fonder le troisième Llano, dit : « Nous n'avons pas pour but de sauver le monde, mais simplement de travailler coopérativement pour notre avantage mutuel, dans l'espoir que notre exemple incitera d'autres à faire de même » (1).

Mais il faut surtout renoncer à l'espoir que caressaient Owen, Fourier, et tous ces fondateurs de colonies, l'espoir que le milieu pourra changer l'homme.

Voici comment s'exprime à cet égard le fondateur de la colonie de Llano, l'ex-marxiste Harriman :

« A l'expérience, après trois ans, j'ai reconnu que cette philosophie matérialiste (le marxisme) qui se fonde sur le déterminisme économique, ne pouvait suffire à expliquer les événements que nous constatons.

______

(1) Entre tous les manifestes que l'on pourrait citer, en voici un de la colonie de Cosme, qui n'a pas vécu : « Le système de la concurrence telle qu'elle existe actuellement dans notre civilisation moderne, nous semble faux et injuste, cruel et barbare. Plus encore, il nous a paru que des êtres humains, unis amicalement et animés par un idéal très simple, pourraient fort bien vivre et travailler ensemble en s'aidant mutuellement, au lieu de perpétuellement se combattre. Voilà tout simplement en quoi nous différons de la masse des autres hommes. Et ce sont ces idées-là qui nous ont poussés à planter notre tente dans cette lointaine forêt du Sud-Amérique et à essayer d'y mener une existence aussi fraternelle que le permettent nos humaines faiblesses. »

Les qualités éthiques et spirituelles sont de première importance dans la vie en communauté... » (1).

Voici donc l'aveu d'un marxiste que l'important c'est non seulement de créer un milieu nouveau mais c'est de créer des hommes nouveaux.

Les communautés que nous avons vues réussir, ou du moins jouir d'une longue durée, sont seulement celles qui ont été engendrées par une personnalité assez forte pour obtenir l'obéissance de leurs disciples. Et encore cette discipline n'a-t-elle guère été obtenue que là où elle trouvait un fondement dans la discipline religieuse, voire même dans le fanatisme.

Ne pourrait-on cependant espérer obtenir une discipline librement consentie par la seule vertu de l'éducation ?

Une remarque, faite par le fondateur de la colonie de Llano est très intéressante à cet égard ; c'est que les difficultés de vie dans ces colonies sont moindres quand elles se recrutent dans les milieux sociaux relativement aisés, ce que les Anglais appellent les *well to do*, qu'avec des prolétaires socialistes. Il constate que ces bourgeois sont beaucoup moins exigeants sur la consommation, en même temps que plus actifs dans la production. Cela s'explique.

Un homme qui a vécu dans l'aisance, qui a connu l'emploi de la richesse et des jouissances qu'elle peut procurer, est mieux disposé — quoique la thèse paraisse paradoxale — à en faire le sacrifice et à pratiquer l'économie. Il est aussi plus apte à accepter la société des autres, et même à créer ce milieu qu'on appelle la bonne compagnie.

Les intellectuels de Brook Farm s'entendaient bien mieux entr'eux que les camarades socialistes d'Icarie. Car ceux qui viennent là poussés par la misère, ou la haine de la société actuelle, ou parfois simplement par

____

(1) *Communities of the Past and Present*, Introduction.

paresse, ne peuvent évidemment qu'apporter le trouble dans la communauté. Ceux qui ont de la peine à s'accommoder au monde actuel auront plus de peine encore à vivre dans une communauté où il est bien plus difficile de s'isoler que dans nos grandes cités.

Cette revue, qui est presque une revue nécrologique, doit-elle nous conduire à cette conclusion que c'en est fini avec ce rêve des colonies communautaires ? Pas du tout. Elle nous prouve, au contraire, que l'idée est toujours vivante. Il en meurt tous les jours, de ces associations ; mais il en naît tous les jours de nouvelles. Et en dehors même de celles qui prennent corps, il faudrait compter toutes celles que j'avais annoncées dans ma leçon d'ouverture, toutes celles qui n'ont existé que dans les romans, toutes les utopies, celles du « pays de nulle part », et qu'on ne peut qualifier, comme les romans de chevalerie, de littérature périmée, puisqu'elle s'accroît chaque année de quelque livre nouveau, comme ceux de Tarde, d'Anatole France, de Wells.

Il faut donc bien admettre qu'elles répondent à un besoin de l'homme, tout au moins à une aspiration vers une vie moins individualiste que celle d'aujourd'hui.

S'il y en avait une seule de ces sociétés qui fut vivante et prospère, cela suffirait, car il suffit dans l'ordre des sciences physiques ou chimiques qu'une seule expérimentation réussisse pour que soit démontrée la vérité de telle ou telle loi. Et cent expérimentations qui ont échoué ne prouvent rien contre une seule qui a réussi : si elles ont échoué c'est parce que les circonstances n'ont pas été favorables, voilà tout, et tout ce qu'on peut en conclure c'est qu'il n'est pas facile de réunir les conditions favorables.

Malheureusement on ne peut pas montrer à cette heure un seul exemple d'une société vraiment communiste qui ait vraiment réussi. Mais nous en avons vu plusieurs qui ont duré longtemps, certaines plus d'un siècle, et c'est déjà une preuve qu'elles sont viables.

Faut-il donc qu'elles soient immortelles ? Mais combien y a-t-il de Compagnies financières ou de maisons de commerce qui peuvent fêter leur centenaire ? Elles sont infiniment rares. Alors pourquoi s'étonner si sur 200 sociétés communistes créées, il n'y en ait que deux ou trois qui aient pu célébrer leur centenaire ?

Il n'est nullement improbable qu'un jour on en voit surgir quelqu'une qui vivra définitivement. Je ne considère même pas comme invraisemblable que, dans ce siècle-ci ou dans le prochain, ces associations communautaires ou ces coopératives intégrales, comme vous voudrez les appeler, n'occupent dans le monde une place aussi considérable que celle qu'ont tenue au moyen-âge les communautés religieuses.

TABLE DES MATIÈRES